Rivera, Tomas
... Y no se lo trago la
   tierra

APR - - 2019

BREWITT
33090030517314   04/19

 **W9-AHA-876**

LONG BEACH PUBLIC LIBRARY
101 PACIFIC AVENUE
LONG BEACH, CA 90822

33090030517314

...y no se lo tragó la tierra

Tomás Rivera

Arte Público Press
Houston, Texas

This book is funded in part by grants from the city of Houston through the Houston Arts Alliance.

Recovering the past, creating the future.

University of Houston
Arte Público Press
4902 Gulf Fwy, Bldg 19, Rm 100
Houston, Texas 77204-2004

Cover design by Irasema Rivera

∞ The paper used in this publication meets the requirements of the American National Standard for Permanence of Paper for Printed Library Materials Z39.48-1984.

ISBN 978-1-55885-083-5
Library of Congress Catalog No. 87-070275
First Arte Público Press Edition, 1987
Second Printing, 1988
Third Printing, Revised Edition, 1990
Second Arte Público Press Edition, 1992
Second Printing, Second Arte Público Press Edition, 1993
Third Arte Público Press Edition, 1995
Copyright © 1987 by Concepción Rivera
Copyright of the Translation © 1987 by Evangelina Vigil-Piñón
Printed in the United States of America

15 16 17 18 19 20 21   9 8 7 6 5 4 3 2 1

Contenido

... y no se lo tragó la tierra

Contents

...*And the Earth Did Not Devour Him*

El año perdido

Aquel año se le perdió. A veces trataba de recordar y ya para cuando creía que se estaba aclarando todo un poco se le perdían las palabras. Casi siempre empezaba con un sueño donde despertaba de pronto y luego se daba cuenta de que realmente estaba dormido. Luego ya no supo si lo que pensaba había pasado o no.

Siempre empezaba todo cuando oía que alguien le llamaba por su nombre, pero cuando volteaba la cabeza a ver quién era el que le llamaba, daba una vuelta entera y así quedaba donde mismo. Por eso nunca podía acertar ni quién le llamaba ni por qué, y luego hasta se le olvidaba el nombre que le habían llamado. Pero sabía que él era a quien llamaban.

Una vez se detuvo antes de dar la vuelta entera y le entró miedo. Se dio cuenta de que él mismo se había llamado. Y así empezó el año perdido.

Trataba de acertar cuándo había empezado aquel tiempo que había llegado a llamar año. Se dio cuenta de que siempre pensaba que pensaba y de allí no podía salir. Luego se ponía a pensar en que nunca pensaba y era cuando se le volvía todo blanco y se quedaba dormido. Pero antes de dormirse veía y oía muchas cosas . . .

Lo que nunca supo su madre fue que todas las noches se tomaba el vaso de agua que ella les ponía a los espíritus debajo de la cama. Ella siempre creyó que eran estos los que se tomaban el agua y así seguía haciendo su deber. Él le iba a decir una vez pero luego pensó que mejor lo haría cuando ya estuviera grande.

Los niños no se aguantaron

Se había venido el calor muy fuerte. Era raro porque apenas eran los primeros de abril y no se esperaba tanto hasta como los últimos del mes. Hacía tanto calor que no les daba abasto el viejo con el bote del agua. Venía solamente dos veces para el mediodía y a veces no se aguantaban. Por eso empezaron a ir a tomar agua a un tanque que estaba en la orilla de los surcos. El viejo lo tenía allí para las vacas y cuando los pescó tomando agua allí se enojó. No le caía muy bien que perdieran tanto tiempo yendo al agua porque no andaban por contrato, andaban por horas. Les dijo que si los pescaba allí otra vez los iba a desocupar del trabajo y no les iba a pagar. Los niños fueron los que no se aguantaron.

—Tengo mucha sed, papá. ¿Ya mero viene el viejo?

—Yo creo que sí. ¿Ya no te aguantas?

—Pos, no sé. Ya siento muy reseca la garganta. ¿Usted cree que ya mero viene? ¿Voy al tanque?

—No, espérate un ratito más. Ya oíste lo que dijo.

—Ya sé, que nos desocupa si nos pesca allí, pero ya me anda.

—Ya, ya, trabájale. Ahorita viene.

—Ni modo. A ver si aguanto. ¿Por qué éste no nos deja traer agua? A nosotros allá en el norte . . .

—Porque es muy arrastrado.

—Pero los puede uno esconder debajo del asiento, ¿no? Allá en el norte siempre está mejor . . . ¿Y si hace uno como que va para fuera cerca del tanque?

Y así empezaron esa tarde. Todos hacían como que iban para fuera y se pasaban para la orilla del tanque. El viejo se había dado cuenta casi luego, luego. Pero no se descubrió. Quería pescar a un montón y así tendría que pagarles a menos y ya cuando hubieran hecho más trabajo. Notó que un niño iba a tomar agua cada rato y

3

le entró el coraje. Pensó entonces en darle un buen susto y se arrastró por el suelo hasta que consiguió la carabina.

Lo que pensó hacer y lo que hizo fueron dos cosas. Le disparó un tiro para asustarlo; pero ya al apretar el gatillo vio al niño con el agujero en la cabeza. Ni saltó como los venados, sólo se quedó en el agua como un trapo sucio y el agua empezó a empaparse de sangre . . .

—Dicen que el viejo casi se volvió loco.

—¿Usted cree?

—Sí, ya perdió el rancho. Le entró muy duro a la bebida. Y luego cuando lo juzgaron y que salió libre dicen que se dejó caer de un árbol porque quería matarse.

—Pero no se mató, ¿verdad?

—Pos no.

—Ahí está.

—No crea compadre, a mí se me hace que sí se volvió loco. Usted lo ha visto como anda ahora. Parece limosnero.

—Sí, pero es que ya no tiene dinero.

—Pos sí.

Se había dormido luego, luego, y todos con mucho cuidado de no tener los brazos ni las piernas ni las manos cruzadas, la veían intensamente. Ya estaba el espíritu en su caja.

—A ver ¿en qué les puedo ayudar esta noche, hermanos?

—Pues, mire, no he tenido razón de m'ijo hace ya dos meses. Ayer me cayó una carta del gobierno que me manda decir que está perdido en acción. Yo quisiera saber si vive o no. Ya me estoy volviendo loca nomás a piense y piense en él.

—No tenga cuidado, hermana. Julianito está bien. Está muy bien. Ya no se preocupe por él. Pronto lo tendrá en sus brazos. Ya va a regresar el mes que entra.

—Muchas gracias, muchas gracias.

Un rezo

🌿

Dios, Jesucristo, santo de mi corazón. Éste es el tercer domingo que te vengo a suplicar, a rogar, a que me des razón de mi hijo. No he sabido de él. Protéjelo, Dios mío, que una bala no vaya a atravesarle el corazón como al de doña Virginia, que Dios lo tenga en paz. Cuídamelo, Jesucristo, sálvalo de las balas, compadécete de él que es muy bueno. Desde niño cuando lo dormía dándole de mamar era muy bueno, muy agradecido; nunca me mordía. Es muy inocente, protéjelo, él no quiere hacerle mal a nadie, es muy noble, es muy bueno, que no le traspase una bala el corazón.

Por favor, Virgen María, tú también cobíjalo. Cúbrele su cuerpo, tápale la cabeza, tápale los ojos a los comunistas y a los coreanos y a los chinos para que no lo vean, para que no lo maten. Todavía le guardo sus juguetes de cuando era niño, sus carritos, sus troquitas, hasta una güila que me encontré el otro día en el cuartito de la ropa. También las tarjetas y los fonis de ahora que ya ha aprendido a leer. Le tengo todo guardado para cuando regrese.

Protégelo, Jesucristo, que no me lo maten. Ya le tengo prometido a la Virgen de San Juan una visita y a la Virgen de Guadalupe también. Él también trae una medallita de la Virgen de San Juan del Valle y él también le prometió algo, quiere vivir. Cuídalo, tápale su corazón con tu mano para que no le entre ninguna bala. Es muy noble. Tenía mucho miedo ir, él me lo dijo. El día que se lo llevaron, al despedirse me abrazó y lloró un rato. Yo sentía su corazón palpitar y me acordaba de cuando era niño y le daba de mamar y de cómo me daba gusto a mí y a él.

Cuídamelo, por favor, te lo ruego. Te prometo mi vida por su vida. Tráemelo bueno y sano de Corea. Tápale el corazón con tus manos. Jesucristo, Dios santo, Virgen de Guadalupe, regrésenme su vida, regrésenme su corazón. ¿Por qué se lo han llevado? Él no ha hecho nada. Él no sabe nada. Es muy humilde. No quiere quitarle la vida a nadie. Regrésenmelo vivo que no lo quiero muerto.

Aquí está mi corazón por el de él. Aquí lo tienen. Aquí está en mi pecho, palpitante, arránquenmelo si quieren sangre, pero arránquenmelo a mí. Se lo doy por el de mi hijo. Aquí está. ¡Aquí está mi corazón . . . mi corazón tiene su misma sangre . . . !

Regrésenmelo vivo y les doy mi corazón.

—Comadre, ¿ustedes piensan ir para Iuta?

—No, compadre, si viera que no le tenemos confianza a ese viejo que anda contratando gente para . . . ¿cómo dice?

—Iuta. ¿Por qué, comadre?

—Porque se nos hace que no hay ese estado. A ver, ¿cuándo ha oído decir de ese lugar?

—Es que hay muchos estados. Y ésta es la primera vez que contratan para ese rumbo.

—Pos sí, pero, a ver, ¿dónde queda?

—Pos, nosotros nunca hemos ido pero dicen que queda cerca de Japón.

Es que duele

Es que duele. Por eso le pegué. Y ahora ¿qué hago? A lo mejor no me expulsaron de la escuela. A lo mejor siempre no es cierto. A lo mejor no. N'ombre sí. Sí, es cierto, sí me expulsaron. Y ahora ¿qué hago?

Yo creo que empezó todo cuando me dio vergüenza y coraje al mismo tiempo. Ni quisiera llegar a la casa. ¿Qué le voy a decir a mamá? ¿Y luego cuando venga papá de la labor? Me van a fajear de seguro. Pero también da vergüenza y coraje. Siempre es lo mismo en estas escuelas del norte. Todos nomás mirándole de arriba a abajo. Y luego se ríen de uno y la maestra con el palito de paleta o de ésquimo *pie* buscándote piojos en la cabeza. Da vergüenza. Y luego cuando arriscan las narices. Da coraje. Yo creo que es mejor estarse uno acá en el rancho, aquí en la mota con sus gallineros, o en la labor se siente uno a lo menos más libre, más a gusto.

—Ándale, m'ijo, ya vamos llegando a la escuela.

—¿Me va a llevar usted con la principal?

—N'ombre, a poco no sabes hablar inglés todavía. Mira, allí está la puerta de la entrada. Nomás pregunta si no sabes adónde ir. Pregunta, no seas tímido. No tengas miedo.

—¿Por qué no entra conmigo?

—¿A poco tienes miedo? Mira, ésa debe ser la entrada. Ahí viene un viejo. Bueno, pórtate bien, ¿eh?

—Pero ¿por qué no me ayuda?

—N'ombre, tú puedes bien, no tengas miedo.

Siempre es lo mismo. Lo llevan a uno con la enfermera y lo primero que hace es buscarle los piojos. También aquellas señoras tienen la culpa. Los domingos se sientan enfrente de los gallineros y se espulgan unas a otras. Los gringos a pase y pase en sus carros viéndolas y apuntándoles con el dedo. Bien dice papá que parecen changos del zoológico. Pero no es para tanto.

9

—Fíjate, mamá, ¿qué crees? Me sacaron del cuarto apenas había entrado y me metieron con una enfermera toda
vestida de blanco. Me hicieron que me quitara la ropa y me
examinaron hasta la cola. Pero donde se detuvieron más fue
en la cabeza. Yo me la había lavado, ¿verdad? Bueno, pues la
enfermera trajo un frasco como de vaselina que olía a puro
matagusano, ¿todavía huelo así?, y me untó toda la cabeza.
Me daba comezón. Luego con un lápiz me estuvo partiendo
el pelo. Al rato me dejaron ir pero me dio mucha vergüenza
porque me tuve que quitar los pantalones y hasta los calzoncillos enfrente de la enfermera.

Pero, ahora, ¿qué les digo? ¿Que me echaron fuera de la
escuela? Pero, si no fue toda la culpa mía. Aquel gringo me cayó
mal desde luego, luego. Ese no se reía de mí. Nomás se me
quedaba viendo y cuando me pusieron en una esquina aparte de los
demás cada rato volteaba la cara y me veía, luego me hacía una
seña con el dedo. Me dio coraje pero más vergüenza porque estaba
aparte y así me podían ver mejor todos. Luego cuando me tocó leer,
no pude. Me oía a mí mismo. Y oía que no salían las palabras . . .
Este camposanto ni asusta. Es lo que me gusta más de la ida y
venida de la escuela. ¡Lo verde que está! y bien parejito todo. Puros
caminos pavimentados. Hasta parece donde juegan al golf. Ahora no
voy a tener tiempo de correr por las lomas y resbalarme echando
maromas hacia abajo. Ni de acostarme en el zacate y tratar de oír
todas las cosas que pueda. La vez pasada conté hasta veinte y seis .
. . Si me apuro a lo mejor me puedo ir con doña Cuquita al dompe.
Sale como a estas horas, ya cuando no está muy caliente el sol.

—Cuidado, muchachos. Nomás tengan cuidado y no vayan
a pisar donde hay lumbre por debajo. Donde vean que sale
humito es que hay brasas por debajo. Yo sé por qué les digo,
yo me di una buena quemada y todavía tengo la cicatriz . . .
Miren, cada quien coja un palo largo y nomás revolteen la
basura con ganas. Si viene el dompero a ver qué andamos
haciendo, díganle que vinimos a tirar algo. Es buena gente,
pero le gusta quedarse con unos libritos de mañas que a veces
tira la gente . . . cuidado con el tren al pasar ese puente. Allí se

llevó a un fulano el año pasado . . . Lo pescó en mero medio del puente y no pudo llegar a la otra orilla . . . ¿Les dieron permiso de venir conmigo? . . . No se coman nada hasta que no lo laven.

Pero si me voy con ella sin avisar me dan otra fajeada. ¿Qué les voy a decir? A lo mejor no me expulsaron. *Sí, hombre, sí.* ¿A lo mejor no? *Sí, hombre.* ¿Qué les voy a decir? Pero, la culpa no fue toda mía. Ya me andaba por ir para fuera. Cuando estaba allí parado en el escusado él fue el que me empezó a hacer la vida pesada.

—Hey, Mex . . . I don't like Mexicans because they steal. You hear me?

Yon.

—I don't like Mexicans. You hear, Mex?

—Yes.

—I don't like Mexicans because they steal. You hear me?

—Yes.

Me acuerdo que la primera vez que me peleé en la escuela tuve mucho miedo porque todo se había arreglado con tiempo. Fue por nada, nomás que unos muchachos ya con bigotes que estaban en el segundo grado todavía nos empezaron a empujar uno hacia el otro. Y así anduvimos hasta que nos peleamos yo creo de puro miedo. Como a una cuadra de la escuela recuerdo que me empezaron a empujar hacia Ramiro. Luego nos pusimos a luchar y a darnos golpes. Salieron unas señoras y nos separaron. Desde entonces me empecé a sentir más grande. Pero lo que fue hasta que me peleé fue puro miedo.

Esta vez fue distinta. Ni me avisó. Nomás sentí un golpe muy fuerte en la oreja y oí como cuando se pone a oír uno las conchas en la playa. Ya no recuerdo cómo ni cuándo le pegué pero sé que sí porque le avisaron a la principal que nos estábamos peleando en el escusado. ¿A lo mejor no me echaron fuera? *N'ombre, sí.* Luego, ¿quién le llamaría a la principal? Y el barrendero todo asustado con la escoba en el aire, listo para aplastarme si trataba de irme.

—The Mexican kid got in a fight and beat up a couple of our boys, . . . No, not bad . . . but what do I do?

— . . .

—No, I guess not, they could care less if I expell him . . .
They need him in the fields.

— . . .

—Well, I just hope our boys don't make too much about
it to their parents. I guess I'll just throw him out.

— . . .

—Yeah, I guess you are right.

— . . .

—I know you warned me, I know, I know . . . but . . . yeah,
okay.

Pero cómo me les iba a ir si todos los de la casa querían que
fuera a la escuela. Él de todos modos estaba con la escoba en el
aire listo para cualquier cosa . . . Y luego nomás me dijeron que
me fuera.

Ésta es la mitad del camino a la casa. Este camposanto está
pero bonito. No se parece nada al de Tejas. Aquél sí asusta, no
me gusta para nada. Lo que me da más miedo es cuando vamos
saliendo de un entierro y veo para arriba y leo en el arco de la
puerta las letras que dicen *no me olvides*. Parece que oigo a todos
los muertos que están allí enterrados decir estas palabras y luego
se me queda en la cabeza el sonido de las palabras y a veces
aunque no mire hacia arriba cuando paso por la puerta, las veo.
Pero éste no, éste está pero bonito. Puro zacatito y árboles, yo
creo que por eso aquí la gente cuando entierra a alguien ni llora.
Me gusta jugar aquí. Que nos dejaran pescar en el arroyito que
pasa por aquí, hay muchos pescados. Pero nada, necesitas tener
hasta licencia para pescar y luego a nosotros no nos la quieren
vender porque somos de fuera del estado.

Ya no voy a poder ir a la escuela. ¿Qué les voy a decir? Me
han dicho muchas veces que los maestros de uno son los segundos
padres . . . y ¿ahora? Cuando regresemos a Tejas también lo va a
saber toda la gente. Mamá y papá se van a enojar; a lo mejor
hacen más que fajearme. Y luego se van a dar cuenta mi tío y
güelito también. A lo mejor me mandan a una escuela correccional
como una de las cuales les he oído platicar. Allí lo hacen a uno
bueno si es malo. Son muy fuertes con uno. Lo dejan como un

guante de suavecito. Pero, a lo mejor no me expulsaron, *n'ombre,
sí a lo mejor no, n'ombre, sí.* Podía hacer como que venía a la
escuela y me quedaba aquí en este camposanto. Eso sería lo mejor.
Pero, ¿y después? Les podía decir que se me perdió la *report card.*
¿Y luego si me quedo en el mismo año? Lo que me duele más es
que ahora no voy a poder ser operador de teléfonos como quiere
papá. Se necesita acabar la escuela para eso.

   —Vieja, háblale al niño que salga . . . Mire, compadre,
pregúntele a su ahijado lo que quiere ser cuando sea grande y
que haya acabado ya la escuela.
   —¿Qué va a ser, ahijado? No sé.
   —¡Dile! No tengas vergüenza, es tu padrino.
   —¿Qué va a ser, ahijado?
   —Operador de teléfonos.
   —¿A poco?
   —Sí, compadre, está muy empeñado m'ijo en ser eso, si
viera. Cada vez que le preguntamos dice que quiere ser
operador. Yo creo que les pagan bien. Le dije al viejo el otro
día y se rió. Yo creo que cree que m'ijo no puede, pero es que
no lo conoce, es más vivo que nada. Nomás le pido a Diosito
que le ayude a terminar la escuela y que se haga operador.

   Aquella película estuvo buena. El operador era el más
importante. Yo creo que por eso papá quiso luego que yo estudiara
para eso cuando terminara la escuela. Pero, . . . a lo mejor no me
echaron fuera. Que no fuera verdad. ¿A lo mejor no? *N'ombre, sí.*
¿Qué les digo? ¿Qué hago? Ya no me van a poder preguntar que
qué voy a ser cuando sea grande. A lo mejor no. *N'ombre, sí.*
¿Qué hago? Es que duele y da vergüenza al mismo tiempo. Lo
mejor es quedarme aquí. No, pero después se asusta mamá toda
como cuando hay relámpago y truenos. Tengo que decirles. Ahora
cuando venga mi padrino a visitarnos nomás me escondo. Ya ni
para qué me pregunte nada. Ni para qué leerle como me pone papá
a hacerlo cada vez que viene a visitarnos. Lo que voy a hacer
cuando venga es esconderme detrás de la castaña o debajo de la
cama. Así no les dará vergüenza a papá y a mamá. ¿Y que no me
hayan expulsado? ¿A lo mejor no? *N'ombre, sí.*

—¿Para qué van tanto a la escuela?

—El jefito dice que para prepararnos. Si algún día hay una oportunidad, dice que a lo mejor nos la dan a nosotros.

—N'ombre. Yo que ustedes ni me preocupara por eso. Que al cabo de jodido no pasa uno. Ya no puede uno estar más jodido, así que ni me preocupo. Los que sí tienen que jugársela chango son los que están arriba y tienen algo que perder. Pueden bajar a donde estamos nosotros. ¿Nosotros qué?

La mano en la bolsa

❧

¿Te acuerdas de don Laíto y de doña Bone? Así les decían pero se llamaban don Hilario y doña Bonifacia. ¿No te acuerdas? Pues, yo tuve que vivir con ellos por tres semanas mientras se acababan las clases y al principio me gustó pero después ya no.

Era verdad lo que decían de ellos cuando no estaban presentes. De cómo hacían el pan, los molletes, de cómo a veces robaban y de que eran bulegas. Yo lo vi todo. De todos modos eran buenas gentes pero ya para terminarse las clases a veces me daba miedo andar con ellos en el moroltí que tenían y hasta de dormir en su casa; y ya al último, pues ni me daban ganas de comer. Así me la pasé hasta que vinieron por mí mi papá, mi mamá y mis hermanos.

Recuerdo que el primer día fueron muy buenos conmigo. Don Laíto se reía cada rato y se le veían los dientes de oro y los podridos. Doña Bone, bien gordota, cada rato me apretaba contra ella y yo nomás la sentía bien gorda. Me dieron de cenar, digo me dieron, porque ellos no comieron. Ahora que recuerdo, pues, nunca los vi comer. La carne que me frió estaba bien verde y olía muy feo cuando la estaba guisando pero al rato ya no olía tanto. Pero no sé si fue que me acostumbré al olor o porque don Laíto abrió la ventana. Solamente partes sabían mal. Me la comí toda porque no quería desagradar. A don Laíto y a doña Bone los quería toda la gente. Hasta los americanos los querían; siempre les daban botes de comida, ropa y juguetes. Y ellos, cuando no podían vendérnoslos a nosotros, nos los daban. También nos visitaban en la labor para vendernos pan de dulce hecho al estilo mexicano, hilo, agujas, botes de comida y nopalitos, también zapatos, abrigos y otras cosas, a veces muy buenas, a veces muy malas.

—Cómpreme estos zapatos, ándele . . . ya sé que están usados pero son de buena clase . . . fíjese como todavía no se acaban . . . éstos . . . le garantizo, duran hasta que se acaban . . .

No quise desagradar y por eso me comí todo. Y me hizo mal. Me tuve que pasar buen rato en el escusado. Lo bueno fue cuando me fui a acostar. Me metieron en un cuarto que no tenía luz, olía a pura humedad y estaba repleto de cosas —cajas, botellas, almanaques, bultos de ropa. Solamente había una entrada. No se veían las ventanas de tantas cosas todas amontonadas. La primera noche casi ni pude dormir porque estaba seguro de que del agujero que tenía el cielo del cuarto se bajarían las arañas. Todo olía muy feo. Ya para cuando oscureció no pude ver nada, pero sería medianoche cuando desperté. Yo creo que me había dormido, pero no estoy muy seguro. Lo único que podía ver era el agujero bien oscuro del cielo. Parecía que hasta se veían caras pero era la pura imaginación. De todos modos de allí en adelante me cogió el miedo pero fuerte. Y ya no pude dormir bien. Sólo en la madrugada cuando podía ver el resto de las cosas. A veces me imaginaba a don Laíto y a doña Bone sentados alrededor de mí y hubo veces que hasta estiré la mano para tocarlos, pero nada. Yo creo que desde el primer día quería que vinieran ya por mí. Ya me avisaba mi corazón de lo que pasaría después. No es que no fueran buenas gentes, sí lo eran, pero como dice la gente, tenían sus mañas.

En la escuela las clases iban todas bien. A veces, cuando llegaba por la tarde no se oía ningún ruido en la casita y parecía que no había nadie, pero casi siempre cuando estaba más en paz me asustaba doña Bone. Me apretaba por detrás y se reía y yo hasta saltaba de susto. Ella nomás risa y risa. Las primeras veces yo también terminaba por reírme pero después ya me fastidió eso. Después comenzaron poco a poco a decirme lo que hacían cuando iban al centro. Se robaban muchas cosas —comida, licor, ropa, cigarros y hasta carne. Cuando no podían venderlo a los vecinos, lo daban. Casi repartían todo. También al pasar los días me invitaron a que les viera hacer el pan de dulce. Don Laíto se quitaba la camisa. Se veía bien pellejoso. Empezaba a sudar al amasar la harina. Era cuando se metía las manos en los sobacos y luego seguía amasando la masa cuando me daba más asco. Era verdad lo que decían. Él me miraba a ver si me daba asco y me decía que así lo hacían todos los panaderos. Eso sí, yo nunca volví a comer pan de dulce del que hacía él aunque a veces tenía un montón grandísimo sobre la mesa.

Recuerdo que un día después de la escuela me pusieron a trabajar en el solar. No era que fuera tan duro, pero desde ese instante me cogieron de puro contrato. Querían que trabajara a todas horas. Y es que mi papá les había pagado por el abordo. Una vez hasta querían que me calara a robarme un saco de harina de cinco libras. ¿Te imaginas? Yo tenía miedo y además no era justo. Don Laíto nomás se reía y me decía que no tenía *eguis*. De todos modos así siguieron los días, hasta a veces me daban ganas de irme de ahí, pero ni modo, ahí me había puesto papá y había gastado su dinero. La comida empeoró y ya era puro jale todo el tiempo.

Y luego . . . te voy a decir algo . . . pero por favorcito no se lo digas a nadie. Noté que empezó a venir un mojadito a la casa cuando don Laíto no estaba por allí. No sé cómo sabía cuando no estuviera. De todos modos si acaso estaba yo dentro de la casa doña Bone me echaba fuera y si estaba fuera atrancaba las puertas y yo sabía bien que no debía entrar. Una vez me quiso explicar doña Bone todo el mitote pero la mera verdad me dio vergüenza y casi no oí nada de lo que me dijo. Sí supe que le dejaba dinero. Ya estaba viejo el fulano pero cada vez que venía olía a pura loción de rasura y duraba el olor bastante rato después de haberse ido. Una noche oí la conversación entre los dos viejitos.

—Este tiene dinero y además no tiene parientes. Fíjate, viejo, que sería muy fácil. Ni quién se preocupe por él . . . n'ombre, ¿tú crees? . . . al viejo le importa poco, él sabe bien que es puro mojado y si le pasa algo ¿tú crees que se va a preocupar por él? Nadie sabe que viene aquí . . . tú nomás déjamelo a mí . . . Uh, eso será muy fácil . . .

El día siguiente, después de la escuela, me rayaron en el solar, debajo de unos árboles, un cuadro en la tierra y me dijeron que querían hacer una soterránea y querían que empezara allí poco a poco. La iban a usar para poner todos los frascos de conserva que hacía doña Bone. Duré como tres días para llegarle poco hondo y luego me dijeron que ya no. Que siempre no la iban a hacer. Y luego lo mero bueno.

Me acuerdo muy bien que llegó el mojadito bien hecho de pelo un día y como siempre muy oloroso. Ya al anochecer me llamó doña Bone a que fuera a comer. Ahí estaba don Laíto ya pero no sabía cómo había entrado. Después de la cena me dijeron que me acostara luego, luego.

Llevé un susto pero susto porque al recargarme sobre la cama sentí como una víbora pero en realidad era un brazo del mojadito. Yo creía que estaría borracho porque no despertó. Salté para atrás y salí del cuarto. Los dos viejos se soltaron riendo. Luego noté que parte de la camisa la traía llena de sangre. No hallaba ni qué pensar. Nomás me acuerdo de los dientes de oro y podridos de don Laíto.

Cuando ya estaba bien oscuro me hicieron que les ayudara a arrastrarlo y echarlo al pozo que yo mismo había hecho. Yo no quería muy bien pero luego me dijeron que le dirían a la policía que yo lo había matado. Me acordé que mi papá les había pagado por la comida y el cuarto y de que hasta los americanos los querían muy bien. Todo lo que deseaban mis papás era que yo terminara la escuela para poder conseguir un trabajito que no fuera tan duro. Tenía mucho miedo pero como quiera lo eché al pozo. Luego entre los tres le echamos la tierra encima. Nunca le vi la cara. Y todo lo que quería yo era que se acabara la escuela para que vinieran por mí. Las dos semanas que faltaban se me pasaron muy despacio. Yo creía que se me iba a pasar el susto o que me podía olvidar, pero nada. Don Laíto hasta traía ya el reloj de pulsera del mojadito. En el solar quedó un bulto en la tierra.

Cuando por fin vinieron por mí papá y mamá me dijeron que estaba muy flaco y que me veía como que estaba enfermo de susto. Yo les decía que no, que era porque jugaba mucho en la escuela y después de la escuela. Antes de irnos me apretaron don Laíto y doña Bone y me dijeron en voz alta para que oyera papá que no dijera nada o le decían a la policía. Luego se soltaron riendo y noté que papá lo había entendido todo como una broma. Rumbo al rancho hablaron de lo bueno que eran don Laíto y doña Bone y de cómo todos los querían muy bien. Yo nomás seguía viendo para afuera de la ventana del carro y les decía que sí. Después de unos dos meses, ya cuando parecía que se me estaba olvidando todo aquello, vinieron a visitarnos al rancho. Me traían un presente. Un anillo. Me hicieron que me lo pusiera y recordé que era el que traía aquel día el mojadito. Nomás se fueron y traté de tirarlo pero no sé por qué no pude. Se me hacía que alguien se lo hallaba. Y lo peor fue que por mucho tiempo, nomás veía a algún desconocido, me metía la mano a la bolsa. Esa maña me duró mucho tiempo.

Faltaba una hora para que empezara la película de la tarde. Necesitaba cortarse el pelo, así que se metió a la peluquería de enfrente del cine. De primero no comprendió muy bien y se sentó. Pero luego le dijo de nuevo que no podía cortarle el pelo. Él creyó que porque no tenía tiempo y se quedó sentado a esperar al otro peluquero. Cuando éste acabó con el cliente él se levantó y se fue al sillón. Pero este peluquero le dijo lo mismo. Que no podía cortarle el pelo. Además le dijo que mejor sería que se fuera. Cruzó la calle y se quedó parado esperando que abrieran el cine, pero luego salió el peluquero y le dijo que se fuera de allí. Entonces comprendió todo y se fue para la casa a traer a su papá.

La noche estaba plateada

La noche que le llamó al diablo estaba plateada. Casi se distinguía todo y hasta olía a día. Durante todo el día había pensado en lo que podría pasarle pero entre más pensaba, más y más era la curiosidad y menos el miedo. Así que para cuando se acostaron todos y apagaron la luz, ya se había decidido salir a la mera medianoche. Tendría que resbalarse por el piso hasta la puerta sin que nadie le sintiera ni le viera.

—Apá. ¿Por qué no deja la puerta abierta? Que al cabo ni hay ni zancudos.

—Sí, pero ¿si se mete un animal? Ya vites cómo se les metió el tejón aquel a los Flores.

—Pero si eso fue hace dos años. Ándele, déjela abierta. Hace mucho calor. No se mete nada. En esta mota lo único que queda son los cuervos y esos no buscan las casas. Ándele, fíjese cómo las demás gentes dejan las puertas abiertas.

—Sí, pero siquiera tienen telas.

—No todas, ándele mire qué bonita se ve la luna. Todo en paz.

—Bueno . . . N'ombre, vieja, no se mete nada. Tú siempre con el miedo.

Lo del diablo le había fascinado desde cuando no se acordaba. Aun ya cuando lo habían llevado a las pastorelas de su tía Pana tenía la curiosidad por lo que podría ser y cómo sería. Recordaba a don Rayos con la máscara de lámina negra y los cuernos rojos y la capa negra. Luego recordaba cuando se había encontrado el ropaje y la máscara debajo de la casa de don Rayos. Se le había ido una canica para debajo de la casa y al sacarla se encontró

21

todo lleno de polvo. Había sacado todo, lo había despolvado y luego se había puesto la máscara.

—Fíjese, compadre, que con el diablo no se juega. Hay muchos que le han llamado y después les ha pesado. La mayoría casi se vuelve loca. A veces que en grupos le han llamado para no tener tanto miedo. Pero no se les aparece hasta después, de a uno por uno, solitos y de distintas formas. No, no hay que jugar con el diablo. Al hacerlo ya, como quien dice, se le entrega el alma. Hay unos que se mueren de susto, otros no, nomás empiezan a entristecer, y luego ni hablan. Como que se les va el alma del cuerpo.

Desde donde estaba acostado en el piso podía ver el reloj sobre la mesa. Sintió cómo se fueron durmiendo cada uno de sus hermanos y luego los jefitos. Hasta creía oír los ronquidos que venían por la noche desde los otros gallineros. De las once a las once cincuenta y cinco fue lo más despacio. A veces le entraba un poco de miedo pero luego veía hacia fuera y se veía todo tan quieto y tan suave con lo plateado de la luna que se le iba el miedo de pronto.

—Si me voy de aquí a las once cincuenta tendré bastante tiempo para llegar al centro de la mota. De a buena suerte que aquí no hay víboras, sino sería peligroso andar entre la hierba tan grande que hay en el centro de la mota. A las meras doce le hablo. Más vale llevarme el reloj para saber exactamente cuando son las doce, sino a lo mejor no viene. Tiene que ser a medianoche, a la mera medianoche, a las meritas doce.

Salió muy despacio sin hacer ruido y levantó el reloj de la mesa. Se lo echó en la bolsa del pantalón y notó que sonaba más fuerte dentro de la bolsa que afuera. Aun ya fuera del gallinero se fue lentamente pisando con cuidado, se detenía de vez en cuando. Sentía que alguien le veía. Siguió cuidadosamente hasta que había pasado el escusado. De allí casi no se podían ver los gallineros y ya empezó a hablarse pero muy quedito.

—Y ¿cómo le llamo? A lo mejor se me aparece. No, no creo. De todos modos si se me aparece no me puede hacer nada. Todavía no me muero. Así que no puede hacerme nada. Nomás quisiera saber si hay o no hay. Si no hay diablo a lo mejor no hay tampoco . . . No, más vale no decirlo. Me puede caer un castigo. Pero si no hay diablo a lo mejor tampoco hay castigo. No, tiene que haber castigo. Bueno, pero ¿cómo le hablo? Solamente ¿diablo? o ¿pingo? o ¿chamuco? ¿Lucifer? ¿Satanás? . . . lo que se me venga primero.

Llegó al centro de la mota y le llamó. Primero no le salían las palabras de puro miedo, pero luego que accidentalmente se le salió el nombre en voz alta y no pasó nada, siguió llamándole de distintas maneras. Y nada. No salió nadie. Todo se veía igual. Todo estaba igual. Todo en paz. Pensó entonces que lo mejor sería maldecir al diablo. Lo hizo. Le echó todas las maldiciones que sabía en distintos tonos de voz. Hasta le echó de la madre. Pero, nada. No se apareció nada ni nadie ni cambió nada. Desilusionado y sintiendo a veces cierta valentía empezó a caminar hacia la casa. El viento que sonaba las hojas de los árboles parecía acompañarle los pasos. No había diablo.

—Pero si no hay diablo tampoco hay . . . No, más vale no decirlo. A lo mejor me cae un castigo. Pero, no hay diablo. A lo mejor se me aparece después. No, se me hubiera aparecido ya. ¿Qué mejor ocasión que en la noche y yo solo? No hay. No hay.

En dos o tres ocasiones sintió que alguien le hablaba pero no quiso voltear, no de miedo sino porque estaba seguro de que no era nadie ni nada. Ya cuando se acostó, con mucho cuidado, sin hacer ruido, y cerciorado de que no había diablo le empezó a entrar un escalofrío y una revoltura en el estómago. Antes de dormirse pensó un buen rato. *No hay diablo, no hay nada.* Lo único que había habido en la mota había sido su propia voz. Pensó que bien decía la gente que no se jugaba con el diablo. Luego comprendió todo. Los que le llamaban al diablo y se volvían locos, no se volvían locos porque se les aparecía sino al contrario, porque no se les aparecía. Y se quedó dormido viendo cómo la luna saltaba entre las nubes y los árboles contentísima de algo.

Una tarde el ministro de una de las iglesias protestantes del pueblo vino al rancho y les avisó que iba a venir un fulano a enseñarles trabajos manuales para que ya no tuvieran que trabajar solamente en la tierra. Casi la mayor parte de los hombres se animaron. Les iba a enseñar a ser carpinteros. El fulano vino como a las dos semanas en una camioneta y con una trailer. Traía de ayudante a la esposa del ministro para que le interpretara. Pero nunca les enseñaron nada. Se pasaban todo el día dentro de la trailer. A la semana se fueron sin decir una palabra. Supieron después que le había quitado la esposa al ministro.

. . . y no se lo tragó la tierra

La primera vez que sintió odio y coraje fue cuando vio llorar a su mamá por su tío y su tía. A los dos les había dado la tuberculosis y a los dos los habían mandado a distintos sanatorios. Luego entre los otros hermanos y hermanas se habían repartido los niños y los habían cuidado a como había dado lugar. Luego la tía se había muerto y al poco tiempo habían traído al tío del sanatorio, pero ya venía escupiendo sangre. Fue cuando vio llorar a su madre cada rato. A él le dio coraje porque no podía hacer nada contra nadie. Ahora se sentía lo mismo. Pero ahora era por su padre.

—Se hubieran venido luego luego, m'ijo. ¿No veían que su tata estaba enfermo? Ustedes sabían muy bien que estaba picado del sol. ¿Por qué no se vinieron?

—Pos, no sé. Nosotros como andábamos bien mojados de sudor no se nos hacía que hacía mucho calor pero yo creo que cuando está picado uno del sol es diferente. Yo como quiera sí le dije que se sentara debajo del árbol que está a la orilla de los surcos, pero él no quiso. Fue cuando empezó a vomitar. Luego vimos que ya no pudo azadonear y casi lo llevamos en rastra y lo pusimos debajo del árbol. Nomás dejó que lo lleváramos. Ni repeló ni nada.

—Pobre viejo, pobre de mi viejo. Anoche casi ni durmió. ¿No lo oyeron ustedes fuera de la casa? Se estuvo retorciendo toda la noche de puros calambres. Dios quiera y se alivie. Le he estado dando agua de limonada fresca todo el día pero tiene los ojos como de vidrio. Si yo hubiera ido ayer a la labor les aseguro que no se hubiera asoleado. Pobre viejo, le van a durar los calambres por todo el cuerpo a lo menos tres días y tres noches. Ahora ustedes cuídense. No se atareen tanto. No le hagan caso al viejo si los apura. Aviéntenle con el trabajo. Como él no anda allí empinado, se le hace muy fácil.

26

Le entraba más coraje cuando oía a su papá gemir fuera del gallinero. No se quedaba adentro porque decía que le entraban muchas ansias. Apenas afuera podía estar, donde le diera el aire. También podía estirarse en el zacate y revolcarse cuando le entraban los calambres. Luego pensaba en que si su padre se iba a morir de la asoleada. Oía a su papá que a veces empezaba a rezar y a pedir ayuda a Dios. Primero había tenido esperanzas de que se aliviara pronto pero al siguiente día sentía que le crecía el odio. Y más cuando su mamá o su papá clamaba por la misericordia de Dios. También esa noche los habían despertado, ya en la madrugada, los pujidos de su papá. Y su mamá se había levantado y le había quitado los escapularios del cuello y se los había lavado. Luego había prendido unas velitas. Pero, nada. Era lo mismo de cuando su tío y su tía.

—¿Qué se gana, mamá, con andar haciendo eso? ¿A poco cree que le ayudó mucho a mi tío y a mi tía? ¿Por qué es que nosotros estamos aquí como enterrados en la tierra? O los microbios nos comen o el sol nos asolea. Siempre alguna enfermedad. Y todos los días, trabaje y trabaje. ¿Para qué? Pobre papá, él que le entra parejito. Yo creo que nació trabajando. Como dice él, apenas tenía los cinco años y ya andaba con su papá sembrando maíz. Tanto darle de comer a la tierra y al sol y luego, zas, un día cuando menos lo piensa cae asoleado. Y uno sin poder hacer nada. Y luego ellos rogándole a Dios . . . si Dios no se acuerda de uno . . . yo creo que ni hay . . . No, mejor no decirlo, a lo mejor empeora papá. Pobre, siquiera eso le dará esperanzas.

Su mamá le notó lo enfurecido que andaba y le dijo por la mañana que se calmara, que todo estaba en las manos de Dios y que su papá se iba a aliviar con la ayuda de Dios.

—N'ombre, ¿usted cree? A Dios, estoy seguro, no le importa nada de uno. ¿A ver, dígame usted si papá es de mal alma o de mal corazón? ¿Dígame usted si él ha hecho mal a alguien?

—Pos no.

—Ahí está. ¿Luego? ¿Y mi tío y mi tía? Usted dígame. Ahora sus pobres niños sin conocer a sus padres. ¿Por qué se los tuvo que llevar? N'ombre, a Dios le importa poco de uno, los pobres. A ver, ¿por qué tenemos que vivir aquí de esta manera? ¿Qué mal le hacemos a nadie? Usted tan buena gente que es y tiene que sufrir tanto.

—Ay, hijo, no hables así. No hables contra la voluntad de Dios. M'ijo, no hables así por favor, que me das miedo. Hasta parece que llevas el demonio entre las venas ya.

—Pues, a lo mejor. Así, siquiera se me quitaría el coraje. Ya me canso de pensar. ¿Por qué? ¿Por qué usted? ¿Por qué papá? ¿Por qué mi tío? ¿Por qué mi tía? ¿Por qué sus niños? ¿Dígame usted por qué? ¿Por qué nosotros nomás enterrados en la tierra como animales sin ningunas esperanzas de nada? Sabe que las únicas esperanzas son las de venir para acá cada año. Y como usted misma dice, hasta que se muere uno, descansa. Yo creo que así se sintieron mi tío y mi tía, y así se sentirá papá.

—Así es, m'ijo. Sólo la muerte nos trae el descanso a nosotros.

—Pero, ¿por qué a nosotros?

—Pues dicen que . . .

—No me diga nada. Ya sé lo que me va a decir "que los pobres van al cielo".

Ese día empezó nublado y sentía lo fresco de la mañana rozarle las pestañas mientras empezaban a trabajar él y sus hermanos. La madre había tenido que quedarse en casa a cuidar al viejo. Así que se sentía responsable de apurar a sus hermanos. Por la mañana, a lo menos por las primeras horas, se había aguantado el sol, pero ya para las diez y media limpió el cielo de repente y se aplanó sobre todo el mundo. Empezaron a trabajar más despacio porque se les venía una debilidad y un bochorno si trabajaban muy aprisa. Luego se tenían que limpiar el sudor de los ojos cada rato porque se les oscurecía la vista.

—Cuando vean oscuro, muchachos, párenle de trabajar o denle más despacio. Cuando lleguemos a la orilla descansamos un rato para coger fuerzas. Va a estar caliente hoy. Que se quedara nubladito así como en la mañana, ni quién dijera nada. Pero nada, ya aplanándose el sol ni una nubita se le aparece de puro miedo. Para acabarla de fregar, aquí acabamos para las dos y luego tenemos que irnos a aquella labor que tiene puro lomerío. Arriba está bueno pero cuando estemos en las bajadas se pone bien sofocado. Ahí no ventea nada de aire. Casi ni entra el aire. ¿Se acuerdan?

—Sí.

—Ahí nos va a tocar lo mero bueno del calor. Nomás tomen bastante agua cada rato; no le hace que se enoje el viejo. No se vayan a enfermar. Y si ya no aguantan me dicen luego luego ¿eh? Nos vamos para la casa. Ya vieron lo que le pasó a papá por andar aguantando. El sol se lo puede comer a uno.

Así como habían pensado se habían trasladado a otra labor para las primeras horas de la tarde. Ya para las tres andaban todos empapados de sudor. No traían una parte de la ropa seca. Cada rato se detenían. A veces no alcanzaban respiración, luego veían todo oscuro y les entraba el miedo de asolearse, pero seguían.

—¿Cómo se sienten?

—N'ombre, hace mucho calor. Pero tenemos que seguirle. Siquiera hasta las seis. Nomás que esta agua que traemos ya no quita la sed. Cómo quisiera un frasco de agua fresca, fresquecita, acabada de sacar de la noria, o una coca bien helada.

—Estás loco, con eso sí que te asoleas. Nomás no le den muy aprisa. A ver si aguantamos hasta las seis. ¿Qué dicen?

A las cuatro se enfermó el más chico. Tenía apenas nueve años pero como ya le pagaban por grande trataba de emparejarse con los demás. Empezó a vomitar y se quedó sentado, luego se acostó. Corrieron todos a verlo atemorizados. Parecía como que se había desmayado y cuando le abrieron los párpados tenía los ojos volteados al revés. El que le seguía en edad empezó a llorar pero le dijo luego luego que se callara y que ayudara a llevarlo a casa. Parecía que se le venían calambres por todo el cuerpecito. Lo llevó entonces cargado él solo y se empezó a decir otra vez que por qué.

—¿Por qué a papá y luego a mi hermanito? Apenas tiene los nueve años. ¿Por qué? Tiene que trabajar como un burro enterrado en la tierra. Papá, mamá y éste mi hermanito, ¿qué culpa tienen de nada?

Cada paso que daba hacia la casa le retumbaba la pregunta ¿por qué? Como a medio camino se empezó a enfurecer y luego comenzó a llorar de puro coraje. Sus otros hermanitos no sabían qué hacer y empezaron ellos también a llorar, pero de miedo. Luego empezó a echar maldiciones. Y no supo ni cuándo, pero lo que dijo lo había tenido ganas de decir desde hacía mucho tiempo. Maldijo a Dios. Al hacerlo sintió el miedo infundido por los años y por sus padres. Por un segundo vio que se abría la tierra para tragárselo. Luego se sintió andando por la tierra bien apretada, más apretada que nunca. Entonces le entró el coraje de nuevo y se desahogó maldiciendo a Dios. Cuando vio a su hermanito ya no se le hacía tan enfermo. No sabía si habían comprendido sus otros hermanos lo grave que había sido su maldición.

Esa noche no se durmió hasta muy tarde. Tenía una paz que nunca había sentido antes. Le parecía que se había separado de todo. Ya no le preocupaba ni su papá ni su hermano. Todo lo que esperaba era el nuevo día, la frescura de la mañana. Para cuando amaneció su padre estaba mejor. Ya iba de alivio. A su hermanito también casi se le fueron de encima los calambres. Se sorprendía cada rato por lo que había hecho la tarde anterior. Le iba a decir a su mamá pero decidió guardar el secreto. Solamente le dijo que la tierra no se comía a nadie, ni que el sol tampoco.

Salió para el trabajo y se encontró con la mañana bien fresca. Había nubes y por primera vez se sentía capaz de hacer y deshacer cualquier cosa que él quisiera. Vio hacia la tierra y le dio una patada bien fuerte y le dijo:

—Todavía no, todavía no me puedes tragar. Algún día, sí. Pero yo ni sabré.

El abuelo quedó paralizado del cuello para abajo después del ataque al cerebro. Uno de sus nietos vino a platicar con él un día. El abuelo le preguntó que cuántos años tenía y que qué era lo que más deseaba. El nieto le contestó que tenía veinte y que lo que más quería era que se pasaran los siguientes diez años de su vida inmediatamente para saber lo que había pasado con su vida. El abuelo le dijo que estaba bien estúpido y ya ni le siguió hablando. El nieto no comprendió por qué le había llamado estúpido hasta que cumplió los treinta años.

Primera comunión
🌾

La primera comunión siempre la hacía el padre a mediados de la primavera. Yo siempre recordaré aquel día en mi vida. Me acuerdo de lo que llevaba puesto, de mi padrino y del chocolate con pan que desayunamos después de la comunión, pero también me acuerdo de lo que vi en la sastrería que estaba a un lado de la iglesia. Yo creo que todo pasó porque me fui muy temprano a la iglesia. Es que no había podido dormir la noche anterior tratando de recordar los pecados que tenía y, peor, tratando de llegar a un número exacto. Además, como mamá me había puesto un cuadro del infierno en la cabecera y como el cuarto estaba empapelado de caricaturas del fantasma y como quería salvarme de todo mal, pensaba sólo en eso.

—Recuerden, niños, quietitos, quietitos. Ya han aprendido bien los rezos, ahora ya saben cuáles son los pecados mortales y los veniales, ahora ya saben lo que es un sacrilegio, ahora ya saben que ustedes son almas de Dios, pero que pueden ser almas del diablo. Pero cuando vayan a confesarse tienen que decir todos los pecados, tienen que tratar de recordar todos los que hayan hecho. Porque si se les olvida uno y van a comulgar entonces eso sería un sacrilegio y si hacen un sacrilegio van al infierno. Diosito sabe todo. A él no le pueden mentir. A mí sí, al padrecito sí, pero Dios sabe todo, así que si no tienen el alma purificada de pecados entonces no deberían de comulgar; sería sacrilegio. Así que a decir todos los pecados. A recordar todos los pecados. ¿No les daría vergüenza venir a comulgar y después acordarse de algún pecado que se les olvidó? A ver, vamos a practicar con los pecados. ¿Quién quiere empezar? Vamos a empezar con los pecados que hacemos con las manos cuando nos tocamos el cuerpo. ¿Quién quiere empezar?

A la monjita le gustaba que dijéramos los pecados del cuerpo.
La mera verdad es que ensayábamos mucho sobre los pecados y
también la mera verdad era que yo no comprendía muchas cosas.
Lo que sí me daba miedo era el infierno porque unos meses antes
me había caído en un baño de brasas que usábamos como calenta-
dor en el cuartito donde dormíamos. Me había quemado el chamo-
rro. Bien me podía imaginar lo que sería estar en el infierno para
siempre. Eso era todo lo que comprendía. Así que esa noche,
vísperas de primera comunión, me la pasé repasando todos los
pecados que había cometido. Pero lo más difícil era llegar a un
número definitivo como lo quería la monjita. Sería ya la madrugada
cuando por fin llegué a un punto de conciencia justificada. Había
hecho ciento cincuenta pecados pero iba a admitir a doscientos.

Si digo ciento cincuenta y se me han olvidado algunos
me va mal. Mejor digo doscientos y así por muchos que se
me pasen no hago ningún sacrilegio. Sí, he hecho doscientos
pecados . . . Padrecito, vengo a confesar mis pecados . . .
¿Cuántos? . . . doscientos . . . de todas clases . . . ¿Los mandamientos? Contra todos los diez mandamientos . . . Así no
hay sacrilegios. Es mejor así, diciendo de más queda uno
más purificado.

Recuerdo que ese día me levanté más temprano aún de lo que
esperaba mamá. Mi padrino iba a estar esperándome en la iglesia
y no quería llegar ni un segundo tarde.

—Ándele, mamá, arrégleme los pantalones, yo creía que
ya lo había hecho anoche.

—Es que no pude ver más anoche. La vista me está fa-
llando ya y por eso lo dejé mejor para esta mañana. Oye, y
¿qué prisa tienes esta mañana? Es muy temprano todavía.
No se van a confesar hasta las ocho y apenas son las seis.
Tu padrino no va a estar allí hasta las ocho.

—Ya sé, pero no pude dormir. Ándele, mamá, que ya
quiero irme.

—Y ¿qué vas a hacer tan temprano?

—Pues quiero irme porque se me hace que se me olvidan los pecados que tengo que decirle al padre. Estando en la iglesia puedo pensar mejor.

—Bueno, ahorita acabo. No creas, si nomás pudiendo ver, puedo hacer bastante.

Me fui repasando los pecados y los sacramentos de la comunión. Ya estaba bien claro el día pero todavía no se veía mucha gente en la calle. La mañana estaba fresca. Cuando llegué a la iglesia la encontré cerrada. Yo creo que el padre se habría quedado dormido o andaba muy ocupado. Por eso me fui andando alrededor de la iglesia y pasé cerca de la sastrería que estaba a un lado de la iglesia. Me sorprendieron unas risotadas y luego unos gemidos porque no creía que hubiera gente por allí. Pensé que sería un perro pero luego ya se oyó como gente otra vez y por eso me asomé por la ventanita que tenía la puerta. Ellos no me vieron pero yo sí. Estaban desnudos y bien abrazados en el piso sobre unas camisas y vestidos. No sé por qué pero no podía quitarme de la ventanita. Luego me vieron ellos y trataron de taparse y me gritaron que me fuera de allí. La mujer se veía toda desgreñada y como que estaba enferma. Yo, la mera verdad, me asusté y me fui corriendo para la iglesia pero ya no me podía quitar de la cabeza lo que había visto. Pensé entonces que esos serían los pecados que hacíamos con las manos en el cuerpo. Pero no se me quitaba de la vista aquella mujer y aquel hombre en el piso. Cuando empezaron a venir los demás compañeros les iba a decir pero pensé mejor decirles después de que comulgaran. Me sentía más y más como que yo había cometido el pecado del cuerpo.

Ya ni modo. Pero, no puedo decirles a los otros, si no van a pecar como yo. Mejor no voy a comulgar. Mejor no me confieso. No puedo ahora que sé, no puedo. Pero ¿qué dirán mi papá y mi mamá si no comulgo, y mi padrino, ni modo de dejarlo plantado. Tengo que confesar lo que vi. Me dan ganas de ir otra vez. A lo mejor están en el piso todavía. Ni modo, voy a tener que echar mentiras. ¿A lo mejor se me

olvida de aquí a cuando me confiese? ¿A lo mejor no vi
nada? ¿Y que si no hubiera visto nada?

Recuerdo que cuando me fui a confesar y que me preguntó el
padre por los pecados, le dije solamente que doscientos y de
todos. Me quedé con el pecado de carne. Al regresar a casa con
mi padrino se me hacía todo cambiado, como que estaba y no
estaba en el mismo lugar. Todo me parecía más pequeño y menos
importante. Cuando vi a papá y a mamá me los imaginé en el
piso. Empecé a ver a todos los mayores como desnudos y ya se
me hacían las caras hasta torcidas y hasta los oía reír o gemir
aunque ni se estuvieran riendo. Luego me imaginé al padre y a la
monjita por el piso. Casi ni pude comer el pan dulce ni tomarme
el chocolate y nomás acabé y recuerdo que salí corriendo de la
casa. Parecía sentirme como que me ahogaba.

—Y, ¿éste qué tiene? ¡Qué atenciones!
—Ándele, déjelo, compadre, no se apure por mí, yo
tengo los míos. Estos chicos, todo lo que piensan es en jugar
todo el tiempo. Déjelo, que se divierta, hoy es su primera
comunión.
—Sí, sí, compadre, si yo no digo que no jueguen. Pero
tienen que aprender a ser más atentos. Tienen que tener más
respeto a los grandes, a sus mayores, contimás a su padrino.
—No, pos, eso sí.

Recuerdo que me fui rumbo al monte. Levanté unas piedras y
se las tiré a unos nopales. Luego quebré unas botellas. Me trepé
en un árbol y allí me quedé mucho rato hasta que me cansé de
pensar. Cada rato recordaba la escena de la sastrería y allá solo
hasta me entraba gusto al repasar. Hasta se me olvidó que le
había echado mentiras al padre. Y luego me sentía lo mismo que
cuando había oído hablar al misionero acerca de la gracia de
Dios. Tenía ganas de saber más de todo. Y luego pensé que a lo
mejor era lo mismo.

La profesora se asombró del niño cuando éste, al oír que necesitaban un botón para poner como seña en el cartelón de la industria botonera, se arrancó uno de su camisa y se lo dio. Se asombró porque sabía que probablemente era la única camisa que tenía. No supo si lo hizo por ayudar, por pertenecer o por amor a ella. Sí sintió la intensidad de las ganas y más que todo por eso se sorprendió.

Los quemaditos

Los García eran cinco. Don Efraín, doña Chona y los tres niños, Raulito, Juan y María, de siete, seis y cinco años respectivamente. El domingo por la noche habían venido muy entusiasmados del cine porque habían visto una película de boxeo. A don Efraín le había gustado más que a todos y luego cuando habían llegado a la casa había sacado los guantes de boxear que les había comprado a los niños y luego les había hecho que se pusieran los guantes a los dos niños. Hasta les quitó la ropa y los dejó en calzoncillos y les untó un poquito de alcohol en el pechito, así como lo habían hecho en la película. A doña Chona no le gustaba que pelearan porque siempre salía alguien disgustado y luego se formaba la llorería por un buen rato.

—Ya, viejo, ¿para qué les haces que se peleen? Nada vale; a Juan siempre le sale sangre de las narices y tú sabes lo difícil que es parársela después. Ya, viejo, déjalos que se duerman.

—Hombre, vieja.

—Si no soy hombre.

—Déjalos que jueguen. Y a lo mejor aprenden siquiera a defenderse.

—Pero es que apenas cabemos parados en este gallinero y tú andas ahí correteando como si tuviéramos tanto lugar.

—Y ¿tú qué crees que hacen cuando nos vamos al trabajo? Ya quisiera que estuvieran más grandes para poder llevarlos con nosotros a la labor. Para que trabajaran o que se quedaran quietos en el carro siquiera.

—Pos sí. Pero ¿tú crees? Entre más grandes más inquietos. A mí no me gusta nada dejarlos aquí solos.

—A lo mejor uno de estos sale bueno para el guante y entonces sí nos armamos, vieja. Fíjate nomás lo que ganan

38

los campeones. Miles y miles. A ver si les mando traer un punching bag por catálogo la semana que entra nomás que nos paguen.

—Pos sí, ¿cómo sabe uno, verdad?

—Pos sí. Es lo que digo yo.

A los tres niños los dejaban en casa cuando se iban a trabajar porque al viejo no le gustaba que anduvieran los niños en la labor haciendo travesuras o quitándoles el tiempo a los padres. Habían tratado de llevarlos con ellos y mantenerlos en el carro pero se había puesto muy caliente el día y muy bochornoso y hasta se habían puesto enfermos. Desde entonces decidieron dejarlos en casa mejor, aunque eso sí, todo el día andaban bien preocupados por ellos. En lugar de echar lonche iban a casa a comer a mediodía y así se daban cuenta de que si estaban bien o no. Ese siguiente lunes se levantaron como siempre de madrugadita y se fueron a trabajar. Los niños se quedaron bien dormiditos.

—Te ves muy contento, viejo.

—Ya sabes por qué.

—No, no solamente por eso, te ves más contento que por eso.

—Es que quiero mucho a mis hijos. Como tú. Y venía pensando en cómo a ellos también les gusta jugar con uno.

Como a las diez de la mañana divisaron, desde la labor donde andaban, una humadera que se levantaba en el rancho. Todos pararon de trabajar y se echaron en corrida a sus propios carros. A toda velocidad partieron para el rancho. Cuando llegaron hallaron al gallinero de los García envuelto en llamas. Solamente el más grande se salvó. Los otros quedaron quemaditos.

—Dicen que el más grandecito les hizo que se pusieran los guantes a Juan y a María. Andaban jugando nomás. Pero luego creo que les untó alcohol y quién sabe qué más mugrero en los cuerpecitos para hacerle igual que en la película que habían visto. Y así anduvieron jugando.

—Pero, ¿cómo se quemaron?

—Pues, nada, que el más grandecito, Raulito, se puso al mismo tiempo a guisar unos huevos y de un modo y otro se encendieron los cuerpecitos y pa' qué quiere.

—Les echaría mucho alcohol.

—Ande, usted sabe cómo tiene uno mugrero en la casa y tan reducido que está todo. Creo que les explotó el tanque de querosín de la estufa y pa' qué quiere. Les llenaría a todos de lumbre y claro que también el gallinero.

—Pos sí.

—Y ¿sabe qué?

—¿Qué?

—Que lo único que no se quemó fueron los guantes. Dicen que a la niñita la hallaron toda quemadita con los guantes puestos.

—Pero, ¿por qué no se quemarían los guantes?

—Es que esta gente sabe hacer las cosas muy bien y no les entra ni la lumbre.

—Y los García, ¿cómo siguen?

—Pues ya se les está pasando la tristeza aunque no creo que se les olvide. Dígame usted qué más puede hacer uno. Si no sabe uno cuándo le toca, ni cómo. Pobrecitos. Pero no sabe uno.

—Pos no.

Fue un día muy bonito el día del casamiento. Toda esa semana había andado el novio y su padre bien atareados componiendo el solar de la casa de la novia y haciendo una carpa de lona dentro de la cual recibirían las felicitaciones los novios. Trajeron unas ramas de nogal y unas flores del campo y arreglaron todo muy bien. Luego alisaron muy bien y con mucho cuidado enfrente de la carpa. Cada rato le echaban agua para que se fuera aplanando la tierra. Así, cuando empezara el baile no se levantaría la polvadera. Después de que se casaron en la iglesia se vinieron andando por toda la calle con todas las madrinas y los padrinos detrás de ellos. Enfrente de ellos venía un montón de niños corriendo y gritando, "Ahí vienen los novios".

La noche que se apagaron las luces

La noche que se apagaron las luces en el pueblo unos se asustaron y otros no. No había tormenta ni relámpagos, así que unos no supieron hasta después. Los que habían estado en el baile supieron pero los que no, no . . . hasta otro día. Los que se habían quedado en casa nomás se dieron cuenta de que poco después de que se apagaron las luces ya no se oyó la música por entre la noche y adivinaron que se había acabado el baile. Pero no se dieron cuenta de nada hasta otro día.

—Este Ramón quería mucho a su novia. Sí, la quería mucho. Yo sé bien porque era amigo mío y, tú sabes que no hablaba mucho, pero como quiera a mí me decía todo. Muchas veces me dijo que la quería mucho. Andaban de novios desde el año pasado y se habían regalado unos anillos muy bonitos que compraron en el Kres. Ella también lo quería, pero quién sabe qué pasaría este verano. Dicen que apenas la había vuelto a ver desde hace cuatro meses . . . no se sabe, no se sabe . . .

—Mira, te prometo que no voy a andar con nadie. Ni que le voy a hacer borlote a nadie. Te prometo. Quiero casarme contigo . . . Nos vamos ahorita mismo si quieres . . . pues entonces hasta que acabe la escuela. Pero, mira, te prometo que no voy a andar con nadie ni le voy a hacer borlote a nadie. Te prometo. Si quieres nos vamos ahorita. Yo te puedo mantener. Ya sé, ya sé . . . pero se conforman. Vámonos. ¿Te vas conmigo?

—No, es mejor esperarnos. ¿No crees? Es mejor hacerlo bien. Yo también te prometo . . . Tú sabes bien que te quiero. Confía en mí. Papá quiere que acabe la escuela. Y, pues tengo que hacer lo que él dice. Pero no porque no me voy contigo no te quiero. Sí te quiero, te quiero mucho. Confía en mí. Yo también no voy a andar con nadie. Te prometo.

—Sí se sabe, sí se sabe, no me digas que no se sabe. A mí me platicaron otra cosa. A mí me dijeron que había andado con un pelado allá en Minesota. Y que como quiera, dicen que siguió escribiéndole a Ramón. Siguió echándole mentiras. Unos amigos de Ramón se lo contaron todo. Ellos estaban en el mismo rancho donde estaba ella. Y luego cuando se encontraron con él por acá le dijeron luego luego. Él sí le fue fiel, pero ella no. Andaba con un pelado de San Antonio. Era puro recargue y se vestía muy moneneque. Dicen que se ponía zapatos anaranjados y unos sacos bien largos, y siempre con el cuello levantado . . . Pero a ella yo creo que le gustaba el borlote también, si no, no le hubiera sido infiel. Lo malo es que no haya perdido con Ramón. Cuando él se dio cuenta todavía no llegaba del norte Juanita y se emborrachaba cada rato. Yo lo vi una vez que andaba borracho y todo lo que decía era que traía una astilla. Que era todo lo que dejaban las viejas, puras astillas por dentro de uno.

—Cuando regrese a Tejas me la robo. Ya no me aguanto. Sí, se viene conmigo. Sí, se viene. Se sale conmigo. Cómo la quiero. Cada azadonazo nomás me retumba su nombre. ¿Por qué se sentirá uno así cuando quiere a alguien? Me canso y no me canso de ver su retrato después de cena hasta que oscurece. Y a mediodía durante la hora de la comida también. Pero lo que pasa es que ya no me acuerdo tanto de cómo es de de veras. El retrato ya no se me hace que se parece a ella. O ella ya no se parece al retrato. Cuando me hacen burla los demás mejor me voy al monte. Veo el retrato pero ya no me acuerdo cómo es aunque vea su retrato. Yo creo que mejor sería no verlo tanto. Me prometió serme fiel. Y sí lo es porque sus ojos y su sonrisa me lo siguen diciendo cuando me la imagino. Ya mero se llega el regreso a Tejas. Cada vez que me despiertan los gallos por la madrugada parece que ya estoy allí, y que la miro andando por la calle. Ya mero.

—Pues no es que no quiera a Ramón, pero éste habla muy suave, y es todo, nomás hablo con él. Y fíjate cómo se le quedan viendo todas. Se viste pero suave también. No es que no quiera a Ramón, pero éste es buena gente y su sonrisa, pues la veo todo el día . . . No, no voy a perder con Ramón. Además, qué hay de malo con sólo hablar. Yo no quiero hacerle caso a éste, le prometí a Ramón . . . pero me sigue, me sigue y me sigue. Yo no quiero hacerle caso . . . No necesito perder con Ramón, no voy a andar con éste. Nomás con que me siga para que se queden picadas las demás, las otras. No, no pierdo con Ramón porque de veras lo quiero mucho. Ya no falta mucho para vernos otra vez . . . ¿Quién dijo que le había hablado a Petra? ¿Entonces cómo me sigue a mí? Si me manda cartas todos los días con el hijito de don José . . .

— . . . ya sé que andas con otro pero me gusta hablar contigo. Desde que vine aquí y te vi, quiero más y más estar contigo. El sábado sal a bailar conmigo todo el baile . . . Love you, Ramiro.

—Dicen que empezó a bailar todo el baile con Ramiro solamente. Sus amigas creo que se lo advirtieron pero ella no quiso hacerles caso. Eso empezó ya para acabarse los trabajos y luego ya cuando se despedían durante el último baile dicen que se prometieron verse acá. Yo creo que en ese momento ni se acordaba ella de Ramón. Pero Ramón para entonces ya sabía todo. Por eso el mismo día que se vieron después de cuatro meses él le echó todo por la cara. Yo andaba con él ese día, andaba con él cuando la vio y recuerdo muy bien que le dio mucho gusto al verla y se le quitó todo el coraje que traía. Pero después de hablar con ella un rato le empezó a entrar el coraje de nuevo. Allí mismo y en ese mismo instante perdieron.

—Tú sabes lo que haces.

—Claro. Yo sé lo que hago.

—¿Pierdes conmigo?

—Sí, y a la noche si vas al baile más vale que no vayas a bailar con nadie.

—Va, y ¿por qué? Si ya no somos novios. Ya perdimos. Tú no me mandas.

—A mí no me importa si hemos perdido o no. Me la vas a pagar. Ahora vas a hacer lo que yo te diga cuando yo quiero hasta que yo quiera. De mí no se burla nadie. Así que me la vas a pagar por la buena o por la mala.

—Tú no me mandas.

—Vas a hacer lo que yo te diga y si no bailas conmigo, no bailas con nadie. Y todo el baile.

—Fíjate, dicen que Juanita le pidió permiso a sus papás muy temprano de ir al baile. Fue con unas amigas suyas y todavía no empezaba a tocar la orquesta y ya estaban allí en el salón cerca de la puerta para que las vieran los muchachos que estaban entrando al baile y para que las sacaran a bailar luego luego. Juanita había bailado todo el baile con uno nada más cuando llegó Ramón. Cuando llegó al salón la buscó por todas partes. La vio y cuando se acabó la pieza fue a quitársela al que andaba bailando con ella. Éste, un chamacón, no dijo nada, nomás se fue a coger otra bailadora. De todos modos cuando empezó la música de nuevo, Juanita no quiso bailar con Ramón. Estaban en mero medio del salón y todas las parejas pasaban bailando alrededor de ellos. Se dijeron palabras por un rato. Ella le dio una cacheta-da, él le gritó quién sabe qué y salió casi corriendo del salón. Juanita fue y se sentó en una banca. Todavía no se acababa la pieza cuando se apagaron las luces del salón. Trataron de prenderlas en medio de toda la gritería pero luego se dieron cuenta de que todo el pueblo estaba apagado.

Los trabajadores de la compañía de la luz hallaron a Ramón dentro de la planta de luz que estaba como a una cuadra del salón. Dicen que estaba bien achicharrado y cogido de uno de los transformadores. Por eso se apagaron las luces de todo el pueblo. Los que estaban en el baile casi luego luego supieron. También los que habían estado cerca de Ramón y Juanita oyeron que le dijo que se iba a matar por ella. Los que estaban en casa no supieron hasta otro día, el domingo por la mañana, antes y después de misa.

—Es que se querían mucho ¿no crees?
—No, pos sí.

Poquito antes de las seis, cuando ya mero regresaban los acelgueros, se oyó primero el pitido del tanque del agua, después se oyeron las apagadoras y luego al ratito la ambulancia. Para las seis ya habían regresado unos de los trabajadores y traían la razón de que una de las trocas que traía gente había dado choque con un carro y que todavía se estaba quemando. Era de caja cerrada y cuando le pegó al carro los que no saltaron para fuera de la caja quedaron atrapados. Los que vieron el choque dijeron que se había encendido luego luego y que habían visto a unos pobres correr por el monte con el cabello en llamas. Dicen que la ameri cana que iba en el carro era de un condado seco y que había estado tomando en una cantina de puro pesar que la había dejado su esposo. Fueron diez y seis muertos.

La Noche Buena

La Noche Buena se aproxima y la radio igualmente que la bocina de la camioneta que anunciaba las películas del Teatro Ideal parecían empujarla con canción, negocio y bendición. Faltaban tres días para la Noche Buena cuando doña María se decidió comprarles algo a sus niños. Esta sería la primera vez que les compraría juguetes. Cada año se proponía hacerlo pero siempre terminaba diciéndose que no, que no podían. Su esposo de todas maneras les traía dulces y nueces a cada uno, así que racionalizaba que en realidad no les faltaba nada. Sin embargo cada Navidad preguntaban los niños por sus juguetes. Ella siempre los apaciguaba con lo de siempre. Les decía que se esperaran hasta el seis de enero, el día de los Reyes Magos y así para cuando se llegaba ese día ya hasta se les había olvidado todo a los niños. También había notado que sus hijos apreciaban menos y menos la venida de don Chon la noche de Navidad cuando venía con el costal de naranjas y nueces.

—Pero, ¿por qué a nosotros no nos trae nada Santo Clos?

—¿Cómo que no? ¿Luego cuando viene y les trae naranjas y nueces?

—No, pero ése es don Chon.

—No, yo digo lo que siempre aparece debajo de la máquina de coser.

—Ah, eso lo trae papá, a poco cree que no sabemos. ¿Es que no somos buenos como los demás?

—Sí, sí son buenos, pero . . . pues espérense hasta el día de los Reyes Magos. Ése es el día en que de veras vienen los juguetes y los regalos. Allá en México no viene Santo Clos sino los Reyes Magos. Y no vienen hasta el seis de enero. Así que ése sí es el mero día.

—Pero, lo que pasa es que se les olvida. Porque a nosotros nunca nos han dado nada ni en la Noche Buena ni en el Día de los Reyes Magos.

—Bueno, pero a lo mejor esta vez sí.

—Pos sí, ojalá.

Por eso se decidió comprarles algo. Pero no tenían dinero para gastar en juguetes. Su esposo trabajaba casi las dieciocho horas lavando platos y haciendo de comer en un restaurante. No tenía tiempo de ir al centro para comprar juguetes. Además tenían que alzar cada semana para poder pagar para la ida al norte. Ya les cobraban por los niños aunque fueran parados todo el camino hasta Iowa. Así que les costaba bastante para hacer el viaje. De todas maneras le propuso a su esposo esa noche, cuando llegó bien cansado del trabajo, que les compraran algo.

—Fíjate, viejo, que los niños quieren algo para Crismes.

—¿Y luego las naranjas y las nueces que les traigo?

—Pos sí, pero ellos quieren juguetes. Ya no se conforman con comida. Es que ya están más grandes y ven más.

—No necesitan nada.

—¿A poco tú no tenías juguetes cuando eras niño?

—Sabes que yo mismo los hacía de barro: caballitos, soldaditos . . .

—Pos sí, pero aquí es distinto, como ven muchas cosas . . . ándale vamos a comprarles algo . . . yo misma voy al Kres.

—¿Tú?

—Sí, yo.

—¿No tienes miedo de ir al centro? ¿Te acuerdas allá en Wilmar, Minesora, cómo te perdiste en el centro? ¿'Tas segura que no tienes miedo?

—Sí, sí me acuerdo pero me doy ánimo. Yo voy. Ya me estuve dando ánimo todo el día y estoy segura que no me pierdo aquí. Mira, salgo a la calle. De aquí se ve la hielería. Son cuatro cuadras nomás, según me dijo doña Regina. Luego cuando llegue a la hielería volteo a la derecha y dos cuadras más y estoy en el centro. Allí está el Kres. Luego salgo del Kres, voy hacia la hielería y volteo para esta calle y aquí me tienes.

—De veras que no estaría difícil. Pos sí. Bueno, te voy a dejar dinero sobre la mesa cuando me vaya por la mañana. Pero tienes cuidado, vieja, en estos días hay mucha gente en el centro.

Era que doña María nunca salía de casa sola. La única vez que salía era cuando iba a visitar a su papá y a su hermana quienes vivían en la siguiente cuadra. Sólo iba a la iglesia cuando había difuntito y a veces cuando había boda. Pero iba siempre con su esposo, así que nunca se fijaba por donde iba. También su esposo le traía siempre todo. Él era el que compraba la comida y la ropa. En realidad no conocía el centro aun estando solamente a seis cuadras de su casa. El camposanto quedaba por el lado opuesto al centro, la iglesia también quedaba por ese rumbo. Pasaban por el centro sólo cuando iban de pasada para San Antonio o cuando iban o venían del norte. Casi siempre era de madrugada o de noche. Pero ese día traía ánimo y se preparó para ir al centro.

El siguiente día se levantó, como lo hacía siempre, muy temprano y ya cuando había despachado a su esposo y a los niños recogió el dinero de sobre la mesa y empezó a prepararse para ir al centro. No le llevó mucho tiempo.

—Yo no sé por qué soy tan miedosa yo, Dios mío. Si el centro está solamente a seis cuadras de aquí. Nomás me voy derechito y luego volteo a la derecha al pasar los traques. Luego, dos cuadras, y allí está el Kres. De allá para acá ando las dos cuadras y luego volteo a la izquierda y luego hasta que llegue aquí otra vez. Dios quiera y no me vaya a salir algún perro. Al pasar los traques que no vaya a venir un tren y me pesque en medio . . . Ojalá y no me salga un perro . . . Ojalá y no venga un tren por los traques.

La distancia de su casa al ferrocarril la anduvo rápidamente. Se fue en medio de la calle todo el trecho. Tenía miedo andar por

la banqueta. Se le hacía que la mordían los perros o que alguien la
cogía. En realidad solamente había un perro en todo el trecho y la
mayor parte de la gente ni se dio cuenta de que iba al centro. Ella,
sin embargo, seguía andando por en medio de la calle y tuvo suerte
de que no pasara un sólo mueble, si no, no hubiera sabido qué
hacer. Al llegar al ferrocarril le entró el miedo. Oía el movimiento
y el pitido de los trenes y esto la desconcertaba. No se animaba a
cruzar los rieles. Parecía que cada vez que se animaba se oía el
pitido de un tren y se volvía a su lugar. Por fin venció el miedo,
cerró los ojos y pasó sobre las rieles. Al pasar se le fue quitando el
miedo. Volteó a la derecha.

Las aceras estaban repletas de gente y se le empezaron a llenar
los oídos de ruido, un ruido que después de entrar no quería salir.
No reconocía a nadie en la banqueta. Le entraron ganas de regresarse pero alguien la empujó hacia el centro y los oídos se le llenaban más y más de ruido. Sentía miedo y más y más se le olvidaba la razón por la cual estaba allí entre el gentío. En medio de
dos tiendas donde había una callejuela se detuvo para recuperar el
ánimo un poco y se quedó viendo un rato a la gente que pasaba.

—Dios mío, ¿qué me pasa? Ya me empiezo a sentir
como me sentí en Wilmar. Ojalá y no me vaya a sentir mal.
A ver. Para allá queda la hielería. No, para allá. No, Dios
mío, ¿qué me pasa? A ver. Venía andando de allá para acá.
Así que queda para allá. Mejor me hubiera quedado en casa.
Oiga, perdone usted, ¿dónde está el Kres, por favor? . . .
Gracias.

Se fue andando hasta donde le habían indicado y entró. El
ruido y la apretura de la gente era peor. Le entró más miedo y ya
lo único que quería era salirse de la tienda pero ya no veía la
puerta. Sólo veía cosas sobre cosas, gente sobre gente. Hasta oía
hablar a las cosas. Se quedó parada un rato viendo vacíamente a
lo que estaba enfrente de ella. Era que ya no sabía los nombres de
las cosas. Unas personas se le quedaban viendo unos segundos,
otras solamente la empujaban para un lado. Permaneció así por un
rato y luego empezó a andar de nuevo. Reconoció unos juguetes y

los echó en la bolsa. De pronto ya no oía el ruido de la gente aunque sí veía todos los movimientos de sus piernas, de sus brazos, de la boca, de sus ojos. Pero no oía nada. Por fin preguntó que dónde quedaba la puerta, la salida. Le indicaron y empezó a andar hacia aquel rumbo. Empujó y empujó gente hasta que llegó a empujar la puerta y salió.

Apenas había estado unos segundos en la acera tratando de reconocer dónde estaba, cuando sintió que alguien la cogió fuerte del brazo. Hasta la hicieron que diera un gemido.

—Here she is . . . these damn people, always stealing something, stealing. I've been watching you all along. Let's have that bag.

—¿Pero . . . ?

Y ya no oyó nada por mucho tiempo. Sólo vio que el cemento de la acera se vino a sus ojos y que una piedrita se le metió en el ojo y le calaba mucho. Sentía que la estiraban de los brazos y aun cuando la voltearon boca arriba veía a todos muy retirados. Se veía a sí misma. Se sentía hablar pero ni ella sabía lo que decía pero sí se veía mover la boca. También veía puras caras desconocidas. Luego vio al empleado con la pistola en la cartuchera y le entró un miedo terrible. Fue cuando se volvió a acordar de sus hijos. Le empezaron a salir las lágrimas y lloró. Luego ya no supo nada. Sólo se sentía andar en un mar de gente. Los brazos la rozaban como si fueran olas.

—De a buena suerte que mi compadre andaba por allí. Él fue el que me fue a avisar al restaurante. ¿Cómo te sientes?

—Yo creo que estoy loca, viejo.

—Por eso te pregunté que si no te irías a sentir mal como en Wilmar.

—¿Qué va a ser de mis hijos con una mamá loca? Con una loca que ni siquiera sabe hablar ni ir al centro.

—De todos modos, fui a traer al notario público. Y él fue el que fue conmigo a la cárcel. Él le explicó todo al empleado. Que se te había volado la cabeza. Y que te daban ataques de nervios cuando andabas entre mucha gente.

—¿Y si me mandan a un manicomio? Yo no quiero dejar a mis hijos. Por favor, viejo, no vayas a dejar que me manden, que no me lleven. Mejor no hubiera ido al centro.

—¿Pos nomás quédate aquí dentro de la casa y no te salgas del solar. Que al cabo no hay necesidad. Yo te traigo todo lo que necesites. Mira, ya no llores, ya no llores. No, mejor, llora para que te desahogues. Les voy a decir a los muchachos que ya no te anden fregando con Santo Clos. Les voy a decir que no hay para que no te molesten con eso ya.

—No, viejo, no seas malo. Diles que si no les trae nada en la Noche Buena que es porque les van a traer algo los Reyes Magos.

—Pero . . . Bueno, como tú quieras. Yo creo que siempre lo mejor es tener esperanzas.

Los niños que estaban escondidos detrás de la puerta oyeron todo pero no comprendieron muy bien. Y esperaron el Día de los Reyes Magos como todos los años. Cuando llegó y pasó aquel día sin regalos no preguntaron nada.

Antes de que la gente se fuera para al norte, el cura les bendecía los carros y las trocas a cinco dólares el mueble. Una vez hizo lo suficiente hasta para ir a visitar a sus padres y a sus amigos a Barcelona en España. Le trajo a la gente el agradecimiento de su familia y unas tarjetas de una iglesia muy moderna. Éstas las puso al entrar a la iglesia para que vieran y anhelaran una iglesia así. Al poco tiempo empezaron a aparecer palabras en las tarjetas, luego cruces, rayas y con safos así como había pasado con las bancas nuevas. El cura nunca pudo comprender el sacrilegio.

El retrato

Nomás esperaban que regresara la gente del norte y venían los vendedores de retratos de San Antonio. Bajaban al agua. Sabían que la gente traía sus dineritos y por eso, como decía papá, se venían en parvadas. Traían sus velices llenos de muestras. Siempre traían camisa blanca y con corbata y así se veían más importantes y la gente les creía todo lo que decían y les ofrecían el pase a la casa sin pensarlo casi. Yo creo que hasta anhelaban, por debajito, que sus hijos llegaran a ser eso algún día. De todos modos venían y pasaban por las calles polvorientas cargados con los velices llenos de muestras.

Una vez, recuerdo, yo estaba en la casa de un amigo de mi papá, cuando llegó uno de estos vendedores. Recuerdo también que éste se veía un poco asustado y tímido. Don Mateo le pidió que entrara porque quería hacer negocio.

—Buenas tardes, marchante, mire, quisiera explicarle algo nuevo que traemos este año.

—A ver. A ver.

—Pues mire, nos da algún retrato, cualquier retrato que tenga, y nosotros no solamente lo amplificamos sino que lo ponemos en madera, así abultadito, como quien dice en tres dimensiones.

—Bueno, ¿y eso para qué?

—Para que se vea como que está vivo. Así, mire, deje mostrarle éste. ¿Qué tal, no se ve como que está vivo? ¿Como que vive?

—Hombre, sí. Mira, vieja. Qué padre se mira éste. Sabe que nosotros queríamos mandar unos retratos para que nos los hicieran grandes. Y esto ha de costar mucho, ¿verdad?

—No, fíjese que casi cuesta lo mismo. Claro que se lleva más tiempo.

55

—Bueno, pero, a ver. ¿Cuánto cuesta?

—Solamente por treinta pesitos se lo traemos abultadito. Uno de este tamaño.

—Hijo, está caro, oiga. ¿No dijo que no costaba mucho más? ¿Puede uno abonar?

—Fíjese que ahora tenemos otro gerente y éste quiere todo al contado. Es que el trabajo es muy fino. Se lo dejamos como si fuera de de veras. Así abultadito. Mire. ¿Qué tal? Fino trabajo, ¿no? En un mes se lo regresamos, ya todo terminado. Usted nomás nos dice los colores de la ropa y por aquí pasamos con él cuando menos lo piense, todo acabado, y con todo y marco. No crea, en un mes a lo más. Pero, como le dije, este hombre que es el gerente ahora quiere al contado. Es muy exigente hasta con nosotros.

—Es que está muy caro.

—Pues sí. Pero es que el trabajo es muy fino. ¿A poco ha visto usted estos retratos abultados de madera antes?

—No, pos sí. ¿Qué dices, vieja?

—Pos a mí me gusta mucho. ¿Por qué no mandamos uno? Y si nos sale bien . . . el de Chuy. Dios lo tenga en paz. Es el único que tenemos de él. Se lo tomamos antes de que se fuera para Corea. Pobre de m'ijo, ya no lo volvimos a ver. Mire, aquí está su retrato. ¿Usted cree que lo puede hacer bien abultadito para que parezca que está vivo?

—Pero, ¿cómo no? Hemos hecho muchos de vestido de soldado, si viera. Así abultados son más que retratos. Cómo no. Nomás me dice de qué tamaño lo quiere y si quiere marco redondo o cuadrado. ¿Qué dice? ¿Cómo le apuntamos aquí?

—¿Qué dices, vieja? ¿Lo mandamos a hacer así?

—Pos, yo por mi parte ya te dije. Me gustaría tener a m'ijo así abultadito y en color.

—Bueno, pues, póngale ahí. Pero nos cuida bien el retrato porque es el único que tenemos de nuestro hijo ya de grande. Quedó de mandarnos uno de todo vestido de soldado y con las banderas americana y mexicana cruzándose por arriba de la cabeza, pero apenas llegó por allá y nos cayó

una carta diciéndonos que estaba perdido en acción. Así que
lo cuida bien.

—No tenga cuidado. Sí, somos responsables. Uno sabe
muy bien el sacrificio que hace la gente. No tenga cuidado.
Hora verá cuando se lo regresemos cómo va a quedar de
bonito. ¿Qué dice, le ponemos el traje azul marino?

—Pero si no tiene traje en el retrato.

—Bueno, pero eso es sólo cuestión de acomodárselo con
una poca de madera. Mire estos. Ya ve éste, no tenía traje
pero nosotros le pusimos uno. Así que, ¿qué dice? ¿Se lo
ponemos azul marino?

—Bueno.

—No se preocupe usted por su retrato.

Y así se fueron ese día cruzando de calle en calle repletando
los velices de retratos. En fin, una gran cantidad de gente había
encargado ese tipo de amplificaciones.

—Ya mero nos traen los retratos, ¿no cree?

—Yo creo que sí, es que es trabajo muy fino. Se lleva
más tiempo. Buen trabajo que hace esa gente. ¿Se fijó cómo
parecían que estaban vivos los retratos?

—No, sí, sí hacen muy buen trabajo. Ni quien se lo
quite. Pero, fíjese que ya tienen más de un mes que pasaron
por aquí.

—Sí, pero de aquí se fueron levantando retratos por todo
el pueblerío hasta San Antonio, de seguro. Y se tardarán un
poco más.

—Es cierto. Es cierto.

Y pasaron dos semanas más para cuando se descubrió todo. Se
vinieron unas aguas muy fuertes y unos niños que andaban jugando en uno de los túneles que salían para el dompe se hallaron un
costal lleno de retratos todos carcomidos y mojados. Nomás se
notaban que eran retratos porque eran muchos y del mismo
tamaño y casi se distinguían las caras. Comprendieron todos luego

luego. Don Mateo se enojó tanto que se fue para San Antonio para buscar al fulano que los había engañado.

—Pues fíjese que me quedé en casa de Esteban. Y todos los días salía con él a vender verduras en el mercado. Le ayudaba en todo. Tenía esperanzas de encontrarme con ese fulanito uno de tantos días. Luego a los pocos días de estar por allí me empecé a salir a los distintos barrios, y así fui conociendo muchas cosas. Si no me podía tanto el dinero sino los lloridos de la pobre vieja con eso de que era el único retrato que teníamos de Chuy. Y aunque lo encontramos en el costal con los demás retratos, se había echado a perder, si viera.

—Bueno, pero ¿cómo lo encontró?

—Pues, mire, para no hacérsela tan larga, él vino a parar al puesto un día. Se paró enfrente de nosotros y compró unas verduras. Como que me quiso reconocer. Yo sí, claro que lo reconocí, porque cuando trae uno coraje no se le borran las caras. Y luego luego allí lo cogí. El pobre ni decía nada. Bien asustado. Yo nomás le dije que quería el retrato de m'ijo y abultadito y que me lo hiciera o me lo echaba al pico. Y me fui con él a donde vivía. Y allí mismo le hice que se pusiera a trabajar. El pobre no sabía ni por dónde empezar. Tuvo que hacerlo todo de memoria.

—Y, ¿cómo lo hizo?

—No sé. Pero, con miedo, yo creo que uno es capaz de todo. A los tres días me trajo el retrato acabadito así como lo ve cerquita de la virgen en esa tarima. ¿Usted dirá? ¿Cómo se ve m'ijo?

—Pues, yo la mera verdad ya no me acuerdo cómo era Chuy. Pero ya se estaba, entre más y más, pareciéndose a usted, ¿verdad?

—Sí. Yo creo que sí. Es lo que me dice la gente ahora. Que Chuy, entre más y más, se iba a parecer a mí y que se estaba pareciendo a mí. Ahí está el retrato. Como quien dice, somos la misma cosa.

—Ya soltaron a Figueroa. Salió hace una semana.

—Sí, pero ya viene enfermo. Allí en la pinta si les tienen coraje les ponen inyecciones para que se mueran.

—N'ombre. ¿Qué tienes? Bueno, ¿y quién lo entregaría?

—Sería algún gabacho que no le caía verlo en el pueblo con la bolilla que se trajo de Wisconson. Y ni quien lo defendiera. Dicen que la gabachita tenía diecisiete años y es en contra de la ley.

—Te apuesto que no dura el año.

—Pues dicen que tiene una enfermedad muy rara.

Cuando lleguemos

Como a las cuatro de la mañana se descompuso la troca. Toda la noche les había hipnotizado el chillido de las llantas sobre el pavimento. Cuando se detuvo, despertaron. El silencio les avisaba que algo había pasado. La troca venía calentándose mucho y luego que se pararon y examinaron el motor se dieron cuenta de que casi se les había quemado el motor. Ya no quiso arrancar. Tendrían que quedarse allí hasta que amaneciera completamente y luego podrían pedir un levantón para el siguiente pueblo. Dentro de la troca la gente de primero se había despertado y luego se cruzaron varias conversaciones. Luego en lo oscuro se habían empezado a cerrar los ojos y se puso todo tan silencioso que hasta se oían los grillos. Unos estaban dormidos, otros estaban pensando.

—De buena suerte que se paró aquí la troca. Me dolía mucho el estómago desde hace rato pero cuando hubiera llegado a la ventana para avisarles, hubiera tenido que despertar a una cantidad de gente. Pero, todavía no se ve nada, casi. Bueno, me voy a bajar a ver si encuentro alguna labor o un diche donde pueda ir para fuera. Yo creo que me hizo mal el chile que me comí, tan picoso que estaba, y por no dejarlo. Ojalá y la vieja vaya bien allí con el niño cargado.

—Este chofer que traemos este año sí es de los buenos. Le da parejito. No se para para nada. Nomás echa gasolina y dale. Ya llevamos más de veinteicuatro horas de camino. Ya debemos de estar cerca de Dimoins. Cómo quisiera sentarme un ratito siquiera. Me abajara y me acostara al lado del camino pero no sabe uno si hay alguna víbora o algún animal. Antes de dormirme parado sentía que se me doblaban las corbas. Pero, yo creo que se acostumbra el cuerpo luego luego porque ya no se me hace tan duro. Los niños sí se han de cansar yendo allí paraditos. Ni de dónde cogerse. Uno de grande siquiera puede cogerse del barrote del centro que detiene la lona. Y no vamos tan apretados como en otras. Yo creo que a lo más llevaremos unas cuarenta personas. Recuerdo una vez, cuando vine con aquel montón de mojados, éramos más de sesenta. No podía uno ni fumar.

—Pero qué vieja tan más bruta. Cómo se le pone a tirar la mantilla allá adelante de la troca. Se vino resbalando por toda la lona y de abuenas que traía anteojos, si no, hasta los ojos me los hubiera llenado de cagada. Qué vieja tan bruta. ¿A quién se le pone hacer eso? ¿Qué no se le alcanzaba que iba a volar todo el mugrero para los que veníamos parados? ¿Por qué no se esperaba hasta que llegáramos a alguna estación de gasolina y el no haber dejado allí todo el mugrero?

—Se quedó el negrito asustado cuando le pedí los 54 jamborgues. A las dos de la mañana. Y como entré solo en el restaurante y muy seguro no vio que se paró la troca cargada de gente. Nomás se le saltaron los ojos . . . at two o'clock in the morning, hamburgers? Fifty-four of them? Man, you must eat one hell of a lot. Es que la gente no había comido y dijo el chofer que, para no parar tanto y gastar tanto tiempo, que sólo uno se abajara y pidiera para todos. Se quedó asustado el negrito. No me podía creer lo que le había pedido. Que quería 54. A las dos de la mañana y con hambre se puede uno comer muy bien los jamborgues.

—¡Éste es el último pinche año que vengo para acá! Nomás que lleguemos al rancho y me voy a ir a la chingada. Me voy a ir a buscar un jale a Mineapolis. ¡Pura madre que vuelvo a Tejas! Acá siquiera se puede ganar la vida de mejor manera. Voy a buscar a mi tío, a ver si me consigue una chamba en el hotel donde él trabaja de belboy. A lo mejor me dan quebrada allí o en otro hotel. Y luego a las bolillas nomás de conseguírmelas.

—Si nos va bien este año a ver si nos compramos un carrito para ya no andar así como vacas. Ya están grandes las muchachas y ya les da pena a las niñas. A veces hay buenas compras por allí en los garajes. Voy a hablar con mi compadre, él ya conoce algunos de los viejos que venden carros. Me voy a conseguir uno que me guste aunque esté viejo y de segunda mano. Ya estoy cansado de venir para acá en troca. El compadre se llevó buen carro el año pasado. Si nos va bien en la cebolla, me compro uno que esté a lo menos pasadero. Enseño a m'ijo a manejar y él se lo puede llevar hasta Tejas. A ver si no se pierde como mi sobrino, por no preguntar fueron a dar a Nuevo México en lugar de a Tejas. O, si no, le digo a Mundo que lo maneje y no le cobro el pasaje. A ver si quiere.

—Con el dinero que me emprestó el señor Tomson tenemos para comer a lo menos unos dos meses. Para entonces nos llega el dinero del betabel. A ver si no nos endrogamos mucho. Me emprestó doscientos pesos pero para cuando paga uno los pasajes se le va la mitad casi, con eso de que ya me cobran por los niños el medio precio. Y luego cuando regrese le tengo que pagar lo doble. Cuatrocientos pesos. Es mucho interés, pero ni modo, cuando uno lo necesita ni para qué buscarle. Me han dicho que lo reporte porque es mucho el interés pero ya tiene hasta los papeles de la casa. Ojalá y nos vaya bien en el betabel, si no, nos vamos a quedar en el aire. Tenemos que juntar para pagarle los cuatrocientos. Luego a ver si nos queda algo. Y estos ya necesitan ir a la escuela. No sé, ojalá y nos vaya bien, si no, quién sabe cómo le iremos a hacer. Nomás le pido a Diosito que haya trabajo.

—Pinche vida, pinche vida, pinche vida, pinche vida, por pendejos, por pendejos, por pendejos. Somos una bola de pendejos. Chingue a su madre toda la pinche vida. Ésta es la última vez que vengo así como una pinche bestia parado todo el camino. Nomás que lleguemos me voy a Mineapolis, a fuerza hallo allí algo que hacer donde no tenga que andar

como un pinche buey. Pinche vida, un día de estos me la
van a pelar todos. Chinguesumadre por pendejo.

—Pobre viejo, ha de venir bien cansado ya, parado todo
el viaje. Hace rato lo vi que iba cabeceando. Y ni cómo ayu-
darle con estos dos que llevo en los brazos. Ya quisiera que
hubiéramos llegado para acostarnos aunque sea en el piso
bien duro. Estos niños son puro trabajo. Ojalá y le pueda
ayudar con algo en la labor pero se me hace que este año,
con estos huerquitos, no voy a poder hacer nada. Les tengo
que dar de mamar cada rato y luego que están muy chicos
todavía. Qué ya estuvieran más grandecitos. Como quiera le
voy a hacer la lucha para ayudarlo. Aunque sea me voy
ayudándole en el surco para que no se atáree tanto. Aunque
sea en ratitos. A qué mi viejo, apenas están chiquititos y él
ya quisiera que fueran a la escuela. Ojalá y le pueda ayudar.
Dios quiera y le pueda ayudar.

—De aquí se ven a toda madre las estrellas. Parece que
se bajan a tocar la lona de la troca. Bueno, ni parece que
hay gente dentro. Casi no hay tráfico a esta hora. De vez en
cuando pasa una trailer. El silencio de la madrugada hace
que todo esté como de seda. Y ahora, ¿con qué me limpio?
¿Por qué no sería mejor todo el tiempo de madrugada? Aquí
vamos a estar hasta el mediodía, de seguro. Para cuando
consigan ayuda en el pueblo y luego para cuando arreglen el
motor. Que se quedara de madrugada ni quien dijera nada.
Voy a estar viendo el cielo hasta que se desaparezca la última estrella. ¿Cuántos más estarán viendo la misma estrella?
¿Cuántos más estarán pensando que cuántos más estarán
viendo la misma estrella? Está tan silencio que hasta se me
parece que los grillos les están hablando a ellas.

—Chingada troca, ya es pura mortificación con esta troca.
Cuando lleguemos ahí la gente que se las averigüe como
pueda. Yo nomás la voy a repartir a los rancheros y me voy a
la chingada. Además no tenemos ningún contrato. Ellos se

podrán conseguir con quién regresarse para Tejas. Vendrá
alguien de seguro y se los levanta. El betabel ya no deja nada
de dinero. Lo mejor es regresarme a Tejas nomás que deje a
la gente y a ver cómo me va cargando sandía. Ya mero se
llega la sandía. Y ahora falta que en este pinche pueblo no
puedan componer la troca. ¿Y entonces qué chingaos hago?
Nomás que no me vaya a venir a joder la chota a que me
mueva de aquí. Ya ni la jodieron en aquel pueblo. Si ni nos
paramos y como quiera vino la chota y nos alcanzó para
decirnos que no quería que nos quedáramos allí. Yo creo
nomás quería aventarse con los del pueblo. Pero si ni nos
paramos en su pinche pueblo. Cuando lleguemos, nomás que
los reparta y me devuelvo. Cada quien por su santo.

—Cuando lleguemos a ver si consigo una cama buena
para mi vieja, ya le molestan mucho los riñones. Nomás que
no nos vaya a tocar un gallinero como el del año pasado con
piso de cemento. Aunque le echábamos paja ya nomás que
entre el frío y no se aguanta. Por eso me entraron pesado las
riumas a mí, estoy seguro.

—Cuando lleguemos, cuando lleguemos, ya, la mera verdad estoy cansado de llegar. Es la misma cosa llegar que
partir porque apenas llegamos y . . . la mera verdad estoy
cansado de llegar. Mejor debería decir, cuando no lleguemos
porque esa es la mera verdad. Nunca llegamos.

—Cuando lleguemos, cuando lleguemos . . .

Los grillos empezaron a dejar de chirriar poco a poco. Parecía
como que se estaban cansando y el amanecer también empezó a
verificar los objetos con mucho cuidado y lentamente como para
que no se diera cuenta nadie de lo que estaba pasando. La gente se
volvía gente. Empezaron a bajar de la troca y se amontonaron
alrededor y empezaron a platicar de lo que harían cuando llegaran.

Bartolo pasaba por el pueblo por aquello de diciembre cuando tanteaba que la mayor parte de la gente había regresado de los trabajos. Siempre venía vendiendo sus poemas. Se le acababan casi para el primer día porque en los poemas se encontraban los nombres de la gente del pueblo. Y cuando los leía en voz alta era algo emocionante y serio. Recuerdo que una vez le dijo a la raza que leyeran los poemas en voz alta porque la voz era la semilla del amor en la oscuridad.

Debajo de la casa

Las pulgas le hicieron moverse. Se encontraba debajo de una casa. Allí había estado por varias horas, o así le parecía, escondido. Esa mañana al caminar hacia la escuela le dieron ganas de no ir. Pensó que de seguro le iba a pegar la maestra porque no sabía las palabras. Luego pensó meterse debajo de la casa pero no sólo por eso. Tenía ganas de esconderse también pero no sabía en dónde ni por cuánto tiempo, así que se le hizo fácil hacerlo allí. De primero no le habían molestado las pulgas y había estado muy a gusto en lo oscuro. Aunque estaba seguro de que había arañas se había metido sin miedo y allí estaba. De donde estaba nada más se veía una línea blanca de luz todo alrededor como un pie de alto. Estaba boca abajo y al moverse sentía que el piso le rozaba la espalda. Esto le hacía sentirse hasta seguro. Pero ya cuando empezaron a picarle las pulgas cada rato se tenía que mover. Y le comenzó a molestar porque tenía cuidado de que la gente que vivía en esa casa se fuera a dar cuenta de que estaba allí y lo iban a sacar de debajo del piso. Pero tenía que moverse cada rato.

—*¿Cuánto tiempo llevaré aquí ya? Hace rato que salieron los niños a jugar. Ya debo de llevar bastantito tiempo aquí. Nomás que no vayan a asomarse para debajo de la casa porque me descubren y entonces sí. Se ven curiosos los niños, nomás se les ven las puras piernas, y a corre y corre. Aquí no está mal. Me podría venir aquí todos los días. Yo creo que esto es lo que hacen los que corren la venada. Aquí ni quien me diga nada. Puedo pensar a gusto.*

Y hasta se le olvidaron las pulgas. Y que estaba debajo de la casa. En lo oscuro podía pensar muy bien. No necesitaba cerrar los ojos. Pensó un rato en su papá de cuando le contaba cuentos de brujas por las noches, de cómo las tumbaba rezándoles y echando los siete nudos.

—*Cuando venía del trabajo, entonces teníamos terreno nuestro, de riego, ya en la madrugada, siempre se veían unas bolas de luces, como de lumbre, que iban saltando por los alambres de los teléfonos. Venían rumbo de Morelos, ahí dicen que está la matriz. Yo una vez ya merito tumbaba a una. Don Remigio me enseñó a rezar los siete rezos que van con los siete nudos. Todo lo que tienes que hacer es comenzar a rezar cuando veas las bolas de lumbre. Después de cada rezo echas un nudo. Esta vez llegué hasta el número siete pero si vieras que no pude echarlo, como quiera la bruja casi se cayó a mis pies y luego se levantó . . . estaba tan chiquito el niño y no entienden tanto en esa edad. Y no se pudo aguantar. No le van a hacer nada al viejo, tiene mucha palanca. ¿Te imaginas lo que harían si uno les mataba a un huerco de ellos? Dicen que un día el papá del niño se fue con el rifle a buscarlo porque quería pagárselas, pero no lo encontró . . . la señora casi siempre que entraba a la iglesia lloraba y luego cuando empezaba a rezar, para cuando menos lo pensaba, ya estaba hablando en voz alta. Y luego empezaba a gritar, como que le entraba un ataque . . . yo creo que doña Cuquita todavía vive. Hace mucho que no la veo. Se cuidaba mucho cuando íbamos al dompe. A ella sí que la quería yo. Como nunca conocí a las mías. Yo creo que hasta papá la quería como agüelita porque él tampoco conoció a las suyas. Lo que más me gustaba era que me abrazara y que me dijera eres más águila que la luna . . . get out of there, get away from that goddamn window. Go away. Go away . . . you know, you can't come home with me anymore. Look, I don't mind playing with you but some old ladies told mama that mexicans steal and now mama says not to bring you home anymore. You have to turn back. But we can still play at school. I'll choose you and you choose me . . . que te digo, te digo que de jodido no pasa uno. Yo sé por qué te lo digo. Si hay otra guerra nosotros no vamos a sufrir. No seas pendejo. Los que se van a joder son los que están arriba, los que tienen algo. Nosotros ya estamos jodidos. Si hay otra guerra a nosotros hasta nos va a ir bien*

. . . ¿por qué ya no comes pan dulce? You don't like it anymore? . . . Fíjese que yo hasta fui al pueblo y me compré un
martillo nuevo para estar preparado para cuando vinieran a
enseñarnos. Dicen que el ministro, cuando se dio cuenta, se
fue a la casa e hizo pedazos todos los muebles con un hacha
y luego sacó todo para fuera de la casa y lo prendió. Allí se
estuvo hasta que se volvió todo puras cenizas . . . yo creo
que mi viejo ya no va a poder trabajar en el sol. El viejo no
dijo nada cuando le dijimos que se había asoleado, nomás
movió la cabeza. A él lo que le preocupaba más era que la
lluvia se había venido muy seguido y se le estaba echando a
perder la cosecha. Nomás con eso se ponía triste. Ni cuando
le tuvieron que operar a la señora porque tenía cáncer se
puso triste, contimás cuando le contamos lo de mi viejo . . .
estos cabrones te van a cortar el pelo o me los echo el pico
. . . no hay diablo, no hay, el único diablo que hay es don
Rayos cuando se viste con los cuernos y con la capa para ir
a la pastorela . . . pendejo, ¿por qué no pones cuidado en lo
que vas haciendo? ¿Estás ciego o qué? . . . ¿por qué llo-
raría la maestra cuando vinieron por él? Desde que entró a
ese cuarto nomás lo estaba viendo todo el tiempo. Y estaba
tan joven, no era como las de Tejas, puras viejitas con la
tabla en la mano cuidando que no perdiera uno el lugar en
el libro. Y si lo perdía, sácatelas. Nomás te empinaban . . .
¿tú crees que así se quemarían? Es que es difícil creerlo.
Pero, ¿tan pronto? Es que la llama es muy fuerte y pescán-
dose la ropa en fuego, qué tienes, hombre. ¿Te acuerdas de
la familia aquella que se quemó durante la Navidad? Se
quedaron dormiditos para siempre. Luego los bomberos andaban hasta llorando sacando los cuerpos porque se les
llenaban las botas de grasa de los niños . . . soberanos —ese
día es de suma y magna importancia. Fue en mil ochocien-
tos sesenta y dos cuando las tropas de Napoleón sufrieron
una derrota ante las fuerzas mexicanas que tan valiente-
mente pelearon— así comenzaba yo los discursos, siempre
usaba la palabra soberano, cuando yo era joven, hijo, pero
ahora desde que me dio el ataque, ya no puedo recordar

muy bien lo que le decía a la gente. Luego vino la revolu-
ción y perdimos nosotros al último, a Villa le fue bien, pero
yo me tuve que venir para acá, aquí nadie sabe en lo que
anduve. A veces quiero recordar pero la mera verdad, ya no
puedo. Ya se me vuelve todo borrascoso. Ahora, dime, ¿qué
es lo que más quisieras en este momento de tu vida? En este
mero momentito . . . ayer juntamos cincuenta libras de
cobre. Enrique se halló un imán y con ése es más fácil para
encontrar el fierro entre tanto mugrero que tira la gente. A
veces nos va bien. Pero más del tiempo es puro perder el
tiempo. Siquiera para algo para comer. Bueno, y ¿qué es el
precio del estaño ahora? ¿Por qué no se vienen con
nosotros la próxima vez? . . . ya se está viniendo el frío. Te
apuesto que mañana va a amanecer todo el suelo parejito
de escarcha. Y fíjate cómo las grúas ya pasan cada rato . . .
el domingo va a haber casamiento. De seguro nos van a dar
cabrito en mole con arroz y luego luego el baile, y el novio
bien desesperado porque se venga la noche . . . fíjese,
comadre, que nos asustamos tanto anoche que se apagaron
las luces. Estábamos jugando con los niños cuando de
repente todo oscuro. Y luego que no teníamos ni una velita.
Pero eso no fue lo que nos dio el susto. El tarugo de Juan se
estaba comiendo una naranja y no supimos ni cómo pero se
le metió una semilla para adentro de la nariz y en lo oscuro
no podíamos sacársela. Y él a chille y chille. Su compadre a
prende y prende cerillos. Bueno, y ¿qué pasaría? Si todo el
pueblo estaba oscuro . . . , al hijo de doña Amada lo encontraron en una acequia y al hijo de don Tiburcio lo encontraron bien quemadito dentro de la caja de la troca, creo
que le van a poner pleito a don Jesús por andar trans-
portando gente en una troca con caja cerrada, dicen que
cuando lo quisieron extender, porque lo encontraron acurru-
cado en una esquina, cuando quisieron extender el cuerpo
para echarlo en la carroza, se le cayó una pierna . . . ya no
vienen para acá los de los retratos. Es que don Mateo les
metió buen susto . . . casi se volvió loca mamá. Siempre se

ponía a llorar cuando le platicaba a alguien de lo que le había pasado en el centro.

—*Quisiera ver a toda esa gente junta. Y luego si tuviera unos brazos bien grandes los podría abrazar a todos. Quisiera poder platicar con todos otra vez, pero que todos estuvieran juntos. Pero eso apenas es un sueño. Aquí sí que está suave porque puedo pensar en lo que yo quiera. Apenas estando uno solo puede juntar a todos. Yo creo que es lo que necesitaba más que todo. Necesitaba esconderme para poder comprender muchas cosas. De aquí en adelante todo lo que tengo que hacer es venirme aquí, en lo oscuro, y pensar en ellos. Y tengo tanto en que pensar y me faltan tantos años. Yo creo que hoy quería recordar este año pasado. Yes, nomás uno. Tendré que venir aquí para recordar los demás.*

Volvió a la situación del presente cuando oyó que un niño estaba gritando y al mismo tiempo sintió un golpe en la pierna. Le estaba tirando con piedras para debajo del piso.

—Mami, mami, aquí está un viejo debajo de la casa. Mami, mami, mami, pronto, sal, aquí está un viejo, aquí está un viejo.
—¿Dónde? ¿Dónde? ¡Ah! . . . deja traer unas tablas y tú, anda a traer el perro de doña Luz.

Y vio sinnúmero de ojos y caras en lo blanco y luego se puso más oscuro debajo del piso. Los niños le tiraban con piedras, el perro ladraba y la señora trataba de alcanzarlo con unas tablas.

—¿Quién será?

Tuvo que salir. Todos se sorprendieron que fuera él. Al retirarse de ellos no les dijo nada y luego oyó que dijo la señora:
—Pobre familia. Primero la mamá, y ahora éste. Se estará volviendo loco. Yo creo que se le está yendo la mente. Está perdiendo los años.

Se fue sonriente por la calle llena de pozos que conducía a su casa. Se sintió contento de pronto porque, al pensar sobre lo que había dicho la señora, se dio cuenta de que en realidad no había perdido nada. Había encontrado. Encontrar y reencontrar y juntar. Relacionar esto con esto, eso con aquello, todo con todo. Eso era. Eso era todo. Y le dio más gusto. Luego cuando llegó a la casa se fue al árbol que estaba en el solar. Se subió. En el horizonte encontró una palma y se imaginó que ahí estaba alguien trepado viéndolo a él. Y hasta levantó el brazo y lo movió para atrás y para adelante para que viera que él sabía que estaba allí.

. . . And the Earth Did Not Devour Him

Tomás Rivera

English Translation by Evangelina Vigil-Piñón

Arte Público Press
Houston, Texas

The Lost Year

That year was lost to him. At times he tried to remember and, just about when he thought everything was clearing up, he would be at a loss for words. It almost always began with a dream in which he would suddenly awaken and then realize that he was really asleep. Then he wouldn't know whether what he was thinking had happened or not.

It always began when he would hear someone calling him by his name but when he turned his head to see who was calling, he would make a complete turn and there he would end up in the same place. This was why he never could discover who was calling him nor why. And then he even forgot the name he had been called.

One time he stopped at mid-turn and fear suddenly set in. He realized that he had called himself. And thus the lost year began.

He tried to figure out when that time he had come to call "year" had started. He became aware that he was always thinking and thinking and from this there was no way out. Then he started thinking about how he never thought and this was when his mind would go blank and he would fall asleep. But before falling asleep he saw and heard many things . . .

What his mother never knew was that every night he would drink the glass of water that she left under the bed for the spirits. She always believed that they drank the water and so she continued doing her duty. Once he was going to tell her, but then he thought that he'd wait and tell her when he was grown up.

The Children Couldn't Wait

The heat had set in with severity. This was unusual because it was only the beginning of April and this kind of heat was not expected until the end of the month. It was so hot that the bucket of water the boss brought them was not enough. He would come only two times for the midday and sometimes they couldn't hold out. That was why they took to drinking water from a tank at the edge of the furrow. The boss had it there for the cattle and when he caught them drinking water from it he got angry. He didn't like the idea of their losing time going to drink water because they weren't on contract, but by the hour. He told them that if he caught them there again he was going to fire them and not pay them. The children were the ones who couldn't wait.

"I'm very thirsty, Dad. Is the boss gonna be here soon?"

"I think so. You can't wait any longer?"

"Well, I don't know. My throat already feels real dry. Do you think he's almost gonna be here? Should I go to the tank?"

"No, wait just a little longer. You already heard what he said."

"I know, that he'll fire us if he catches us there, but I can't wait."

"Come on now, come on, work. He'll be here real soon."

"Well . . . I'll try to wait. Why doesn't this one let us bring water? Up north . . . "

"Because he's no good, that's why."

"But we could hide it under the seat, couldn't we? It was always better up north . . . And what if I make like I'm gonna go relieve myself by the tank?"

And this was what they started doing that afternoon. They pretended they were going to relieve themselves and they would go on to the edge of the tank. The boss became aware of this almost right away. But he didn't let on. He wanted to catch a bunch of them and that way he could pay fewer of them and only after they had done more work. He noticed that one of the children kept going to drink water every little while and he became more and more furious. He thought then of giving him a scare and he crawled on the ground to get his rifle.

What he set out to do and what he did were two different things. He shot at him once to scare him but when he pulled the trigger he saw the boy with a hole in his head. And the child didn't even jump like a deer does. He just stayed in the water like a dirty rag and the water began to turn bloody . . .

"They say that the old man almost went crazy."
"You think so?"
"Yes, he's already lost the ranch. He hit the bottle pretty hard. And then after they tried him and he got off free, they say he jumped off a tree 'cause he wanted to kill himself."
"But he didn't kill himself, did he?"
"Well, no."
"Well, there you have it."
"Well, I'll tell you, compadre, I think he did go crazy. You've seen the likes of him nowadays. He looks like a beggar."
"Sure, but that's 'cause he doesn't have any more money."
"Well . . . that's true."

She had fallen asleep right away and everyone, very mindful of not crossing their arms nor their legs nor their hands, watched her intensely. The spirit was already present in her body.

"Let's see, how may I help you this evening, brothers and sisters?"

"Well, you see, I haven't heard from my boy in two months. A letter from the government arrived yesterday telling me that he's missing in action. I'd like to know whether or not he's alive. I feel like I'm losing my mind just thinking and thinking about it."

"Do not be afraid, sister. Julianito is fine. He's just fine. Don't worry about him anymore. Very soon he'll be in your arms. He'll be returning already next month."

"Thank you, thank you."

A Prayer

Dear God, Jesus Christ, keeper of my soul. This is the third Sunday that I come to implore you, beg you, to give me word of my son. I have not heard from him. Protect him, my God, that no bullet may pierce his heart like it happened to Doña Virginia's son, may he rest in God's peace. Take care of him for me, Dear Jesus, save him from the gunfire, have pity on him who is so good. Since he was a baby, when I would nurse him to sleep, he was so gentle, very grateful, never biting me. He's very innocent, protect him, he does not wish to harm anyone, he is very noble, he is very kind, may no bullet pierce his heart.

Please, Virgin Mary, you, too, shelter him. Shield his body, cover his head, cover the eyes of the Communists and the Koreans and the Chinese so that they cannot see him, so they won't kill him. I still keep his toys from when he was a child, his little cars, little trucks, even a kite that I found the other day in the closet. Also his cards and the funnies that he has learned to read. I have put everything away until his return.

Protect him, Jesus, that they may not kill him. I have made a promise to the Virgen de San Juan to pay her homage at her shrine and to the Virgen de Guadalupe, too. He also wears a little medallion of the Virgen de San Juan del Valle and he, too, has made a promise to her; he wants to live. Take care of him, cover his heart with your hand, that no bullet may enter it. He's very noble. He was very afraid to go, he told me so. The day they took him, when he said goodbye he embraced me and he cried for a while. I could feel his heart beating and I remembered when he was little and I would nurse him and the happiness that I felt and he felt.

Take care of him for me, please, I beseech you. I promise you my life for his. Bring him back from Korea safe and sound. Cover his heart with your hands. Jesus Christ, Holy God, Virgen de Guadalupe, bring him back alive, bring me back his heart. Why have they taken him? He has done no harm. He knows nothing. He is very humble. He doesn't want to take away anybody's life. Bring him back alive, I don't want him to die.

Here is my heart for his. Here is my heart. Here, in my chest, palpitating. Tear it out if blood is what you want, but tear it out of *me*. I sacrifice my heart for his. Here it is. Here is my heart! Through it runs his very own blood

Bring him back alive and I will give you my very own heart.

"Comadre, do you all plan to go to Utah?"

"No, compadre. I'll tell you, we don't trust the man that's contracting people to go work in—how do you say it?"

"Utah. Why, comadre?"

"Because we don't think there's such a state. You tell me, when've you ever heard of that place?"

"Well, there's so many states. And this is the first time that they've contracted for work in those parts."

"Yeah, but tell me, where is it?"

"Well, we've never been there but I hear it's somewhere close to Japan."

It's That It Hurts

It hurts a lot. That's why I hit him. And now what do I do? Maybe they didn't expel me from school. Maybe it ain't so, after all. Maybe it's not. *Sure it is!* It is so, they did expel me. And now what do I do?

I think it all started when I got so embarrassed and angry at the same time. I dread getting home. What am I going to tell Mother? And then when Dad gets home from the fields? They'll whip me for sure. But it's embarrassing and upsetting. It's always the same in these schools in the north. Everybody just stares at you up and down. And then they make fun of you and the teacher with her popsicle stick, poking your head for lice. It's embarrassing. And then when they turn up their noses. It makes you angry. I think it's better staying out here on the ranch, here in the quiet of this knoll, with its chicken coops, or out in the fields where you at least feel more free, more at ease.

"Come on, son, we're almost there."

"You gonna take me to the principal?"

"Of course not. Don't tell me you don't know how to speak English yet. Look, that's the entrance over there. Just ask if you don't know where to go. Don't be shy, ask someone. Don't be afraid."

"Why can't you go in with me?"

"Don't tell me you're scared. Look, that's probably the entrance there. Here comes someone. Now, you behave, you hear me?"

"But why don't you help me?"

"No. You'll do just fine, don't be afraid."

It's always the same. They take you to the nurse and the first thing she does is check you for lice. And those ladies are to blame.

On Sundays they sit out in front of the chicken coops picking lice from each other's heads. And the gringos, passing by in their cars, looking and pointing at them. Dad is right when he says that they look like monkeys in the zoo. But it's not all that bad.

"Mother, you won't believe it. They took me out of the room. I had just walked in, and they put me in with a nurse all dressed in white. And they made me take off my clothes and they even examined my behind. But where they took the longest was on my head. I had washed my hair it, right? Well, the nurse brought out a jar of something like vaseline, it smelled like worm-killer, do I still smell? And she smeared it all over my head. It itched. And then she started parting my hair with a pencil. After a while they let me go but I was so ashamed because I had to take off my pants, even my underwear, in front of the nurse."

But now what do I tell them? That they threw me out of school? But it wasn't all my fault. I didn't like that gringo, right off. This one didn't laugh at me. He'd just stare and when they put me in the corner apart from everyone he kept turning to look at me, and then he'd make a gesture with his finger. I was mad but mostly I felt embarrassed because I was sitting away from everyone where they could see me better. Then when it was my turn to read, I couldn't. I could hear myself. And I could hear that no words were coming out . . . This cemetery isn't scary at all. That's what I like best about the walk to school and back. The greenness! And everything so even. The roads all paved. It even looks like where they play golf. Today I won't have time to run up the hills and slide down tumbling. Nor to lie down on the grass and try to hear all the sounds. Last time I counted to 26 . . . If I hurry maybe I can go to the dump with Doña Cuquita. She heads out about this time when the sun's not so hot.

"Careful, children. Just be careful and don't step where there's fire burning underneath. Wherever you see smoke coming out, there's coals underneath. I know what I'm telling you, I once got a bad burn and I still have the scar . . . Look, each of you get a long stick and just turn the trash over briskly. If the dump man comes to see what we're doing, tell him we came to throw away some stuff. He's a kind man, but he likes to keep those little books with nasty pictures that people sometimes throw away . . . watch out for the train as you cross that bridge. It ran over a man last year . . . caught him right in middle of the bridge and he wasn't able to make it to the other side . . . Did they give you permission to come with me? . . . Don't eat anything until after you've washed it."

But if I go with her without permission they'll whip me even more. What am I going to tell them? Maybe they didn't expel me. Sure, they did! Maybe not. Yeah, they did! What am I going to tell them? But it wasn't all my fault. I couldn't wait anymore. He's the one that started picking on me while I was in the restroom.

"Hey, Mex . . . I don't like Mexicans because they steal. You hear me?"
"Yes."
"I don't like Mexicans. You hear, Mex?"
"Yes."
"I don't like Mexicans because they steal. You hear me?"
"Yes."

I remember the first fight I had at school, I got real scared because everything happened so slow. There wasn't any reason, it's just that some of the older boys who already had mustaches and who were still in the second grade started pushing us against each other. And they kept it up until we started fighting, I think, 'cause we were plain scared. It was about a block from school when they started pushing me towards Ramiro. Then we began to scuffle and hit each other. Some ladies came out and broke us up. I started feeling bigger ever since. But up until I fought, all I felt was plain fear.

This time it was different. He didn't warn me. I just felt a real hard blow on my ear and I heard something like when you put a

conch to your ear at the beach. I don't remember anymore how or
when I hit him but I know I did because someone told the principal that we were fighting in the restroom. Maybe they didn't
throw me out? *Sure they did!* And then, I wonder who called the
principal? And the janitor all scared and with his broom up in the
air, ready to swat me if I tried to leave.

"The Mexican kid got into a fight and beat up a couple
of our boys . . . No, not bad . . . but what do I do?"
" . . . "
"No, I guess not, they could care less if I expel him . . .
They need him in the fields."
" . . . "
"Well, I just hope our boys don't make too much out
about it to their parents. I guess I'll just throw him out."
" . . . "
"Yeah, I guess you're right."
" . . . "
"I know you warned me, I know, I know . . . but . . .
yeah, okay."

But how could I even think of leaving knowing that everyone
at home wanted me to go to school. Anyways, the janitor stood
with his broom up in the air, ready for anything . . . And then
they just told me to leave.

I'm halfway home. This cemetery is real pretty. It doesn't look
anything like the one in Texas. That one *is* scary, I don't like it at
all. What scares me the most is when we're leaving after a burial
and I look up and I read the letters on the arch over the gate that
say, *Don't forget me.* It's like I can hear all the dead people
buried there saying these words and then the sound of these
words stays in my mind and sometimes even if I don't look up
when I pass through the gate, I still see them. But not this one,
this one is real pretty. Just lots of soft grass and trees, I guess
that's why when people bury somebody here they don't even cry.
I like playing here. If only they would let us fish in the little
creek that runs through here, there's lots of fish. But no, you even

need a license to fish and then they don't even sell us one 'cause
we're from out of state.

I won't be able to go to school anymore. What am I going to
tell them? They've told me over and over that our teachers are
like our second parents . . . and now? And when we get back to
Texas everyone will find out too. Mother and Dad will be angry; I
might get more than just a whipping. And then my uncle will find
out . . . and Grandpa. Maybe they might even send me to a
reform school like the ones I've heard them talk about. There they
turn you into a good person if you're bad. They're real hard on
you. They leave you soft as a glove. But maybe they didn't expel
me, *sure they did,* maybe not, *sure they did.* I could make like I'm
going to school and stay here in the cemetery. That would be bet
ter. But then what? I could tell them that I lost my report card.
And then what if I stay in the same grade? What hurt me the
most is that now I won't be able to be a telephone operator like
Dad wants me to. You need to finish school for that.

> "Vieja, call m'ijo out here . . . look, compadre, ask your
> godson what he wants to be when he grows up and finishes
> school."
> "What will you be, godson?"
> "I don't know."
> "Tell him! Don't be embarrassed. He's your godfather."
> "What will you be, son?"
> "A telephone operator."
> "Is that so?"
> "Yes, compadre, he's very determined, you know that?
> Every time we ask him he says he wants to be an operator. I
> think they pay well. I told the boss the other day and he
> laughed. I don't think he believes that my son can do it, but
> that's 'cause he doesn't know him. He's smarter than any-
> thing. I just pray God helps him finish school so he can
> become an operator."

That movie was good. The operator was the most important
one. Ever since then I suppose that's why Dad has wanted me to

study for that after I finish school. But . . . maybe they didn't throw me out. What if it's not true? Maybe not. *Sure, it is.* What do I tell them? What do I do? Now they won't be able to ask me what I'm going to be when I grow up. Maybe not. *No, yeah.* What do I do? It's that it hurts and it's embarrassing at the same time. I better just stay here. No, but then Mother will get scared like she does when there's lightning and thunder. I've gotta tell them. And when my padrino comes to visit us I'll just hide. No need for him to find out. Nor for me to read to him like Dad has me do every time he comes to visit us. What I'll do when he comes is hide behind the chest or under the bed. That way Dad and Mother won't feel embarrassed. And what if I really wasn't expelled? Maybe I wasn't? *No, yeah.*

"Why do y'all go to school so much?"

"My dad says it's to prepare us. He says that if someday there's an opportunity, maybe they'll give it to us."

"Sure! If I were you I wouldn't worry about that. The poor can't get poorer. We can't get worst off than we already are. That's why I don't worry. The ones who have to be on their toes are the ones who are higher up. They've got something to lose. They can end up where we're at. But for us what does it matter?"

Hand in His Pocket

🌿

Remember Don Laíto and Doña Bone? That's what everyone called them but their names were Don Hilario and Doña Bonifacia. Don't you remember? Well, I had to live with them for three weeks until school ended. At first I liked it, but then later on I didn't.

Everything that people used to say about them behind their backs was true. About how they baked the bread, the pastries, how they would sometimes steal, and that they were bootleggers. I saw it all. Anyways, they were good people, but by the time school was about to end I was afraid of being with them in that Model-T that they had and even of sleeping in their house. And towards the end I didn't even feel like eating. That's why I'd go to the little neighborhood store to buy me some candy. And that's how I got along until Dad, Mother and my brothers and sisters came to get me.

I remember they were very nice to me on the first day. Don Laíto laughed a lot and you could see his gold teeth and the rotten ones, too. And every little while Doña Bone, fat as could be, would grab me and squeeze me against her and I could feel her, real fat. They fed me dinner—I say fed me because they didn't eat. Now that I'm remembering, you know, I never saw them eat. The meat that she fried for me was green and it smelled really bad when she was cooking it. But after a while it didn't smell as much. But I don't know whether this was because I got used to the smell or because Don Laíto opened the window. Just parts of it tasted bad. I ate it all because I didn't want to hurt their feelings. Everybody liked Don Laíto and Doña Bone. Even the Anglos were fond of them. They gave them canned foods, clothes, toys. And when Don Laíto and Doña Bone weren't able to sell these to us, they'd give them to us. They would also pay us visits out in the fields to sell us Mexican sweet bread, thread and needles, canned food and nopalitos, and also shoes, coats and other things that sometimes were good, sometimes pretty bad.

"Won't you buy these shoes . . . oh, come on . . . I know they're used, but they're the expensive kind . . . look how they're not worn out yet . . . these . . . I guarantee you, they last until they wear out . . . "

I didn't want to seem ungrateful, so I ate it all. It made me sick. I had to spend a lot of time in the restroom. The worst of it was when I went to bed. They put me in a dark room that smelled musty and was crowded with things: boxes, bottles, almanacs, bundles of clothing. There was only one entrance. You couldn't even see the windows with so many things all piled up. The first night I hardly slept because I was sure that spiders would be crawling down from the hole in the ceiling. Everything smelled so awful. By the time it grew dark I couldn't see anything, but it must have been around midnight when I woke up. I think I had fallen asleep, but I'm not too sure. The only thing I could see was that real dark hole in the ceiling. It seemed I could see faces but it was just my imagination. In any case, fear got the best of me. And I wasn't able to sleep anymore. Only at dawn when I could see the rest of the things in the room. Sometimes I would imagine Don Laíto and Doña Bone seated around me and there were times when I would even reach my hand out to touch them, but there was nothing. I think that from that very first day I wanted them to come get me. Something in my heart told me that something would happen. It's not that they weren't good people, they were, but like they say, they had their bad side.

At school, classes were going well. Sometimes when I came back from school in the afternoon not a sound could be heard in the small house and it seemed like no one was around. But as usual, when I was feeling most at peace, Doña Bone would scare me. She'd grab me from behind and laugh, and me, I'd jump, I was so scared. And she would just laugh and laugh. The first few times I'd end up laughing too, but later I got tired of it. Then later on they told me bit by bit what they would do when they went downtown. They stole lots of things: food, liquor, clothes, cigarettes, even meat. When they weren't able to sell it to the neighbors, they gave it away. They would get rid of almost everything. After a few days they invited me to see how they made sweet bread. Don Laíto would take off his shirt. He looked very hairy. He would start sweating as he kneaded the dough. But it was when he would stick his hands under his arms and then keep on kneading the dough that made me the sickest. It was true what people said. He would look at me to see if I was getting nauseous and he would tell me that this was what all the bakers did. One thing for sure, I never again ate any of the sweet bread that he baked, even though they sometimes had a bunch of it on the table.

I remember one day after school they put me to work in the yard. Not that it was so hard, but since that moment they had me working all the time. They wanted me to work at all hours. But my dad had paid them for my board! One time they even wanted me to try to steal a five-pound sack of flour. Can you imagine? I was scared, and besides, it wasn't right. Don Laíto would just laugh and tell me that I didn't have any balls. Anyway, the days went on this way until, sometimes, I even felt like leaving, but how could I? My dad had left me there and he had spent his money. The food got worse, and it got to be all work all the time.

And then . . . I'll tell you something . . . but please don't tell anyone. I noticed that this wetback started coming to the house while Don Laíto was away. I don't know how he knew when he wasn't there. Anyway, if I happened to be inside the house, Doña Bone would throw me out, and if I wasn't inside she would latch the doors and I knew I wasn't supposed to enter. One time Doña Bone tried to explain the whole thing to me but, to be very honest, I felt embarrassed and I hardly heard anything she said. I did know that he left her money. Whoever he was, he was old and every time he came he smelled of shaving lotion and the smell would linger for a good while after he left. One night I overheard a conversation between the old couple.

"This guy has money and, besides that, he doesn't have any relatives. Look, Viejo, it would be so easy. Not even anyone to worry about him . . . I don't think so, do you? . . .

That boss could care less, he darn sure knows that he's a wetback and if something happens to him, you think he'll be concerned about him? Nobody knows that he comes here . . . you just leave it up to me . . . Oh, that'll be so easy . . . "

The next day, after school, they drew a square on the ground in the yard under some trees, and they told me that they wanted to build a cellar and that they wanted me to start digging there, little by little. They were going to use it to store the jars of preserves that Doña Bone made. It took me three days to dig somewhat deep and then they told me to stop digging, that they weren't going to build it after all. And then came the good part.

I remember well that the wetback arrived, his hair combed real good and fragrant, like always. At dusk Doña Bone called me to come eat. There was Don Laíto, already, but I didn't know how he had entered. After dinner they told me to go to bed right away.

I got the scare of my life when I stretched out on the bed and I touched what felt like a snake but it really was the wetback's arm. I thought he must be drunk because he didn't wake up. I jumped back and got out of the room. The old couple burst into laughter. Then I noticed that part of my shirt was full of blood. I didn't know what to think. I just remember Don Laíto's gold teeth and his rotten ones.

When it got real dark they made me help them drag him out and throw him into the hole that I myself had dug. I didn't really want to but then they told me that they would tell the police that I had killed him. I thought of how my dad had paid them for my room and board and how even the Anglos liked them so much. All that my parents wanted was for me to finish school so I could find a job that wasn't so hard. I was real scared but I went ahead and threw him in the hole. Then the three of us threw dirt over him. I never saw his face. All I wanted was for school to end so that my parents would come for me. The last two weeks went by very slowly. I thought that I'd get over my fright or that I'd be able to forget about it, but no. Don Laíto was even wearing the wetback's wrist watch. In the yard you could see the mound of dirt.

When Dad and Mother finally came for me they told me that I was very thin and that I looked like I was sick from fright. I told them no, that it was because I played so much at school and after school. Before we left, Don Laíto and Doña Bone squeezed me and told me in loud voices, so that Dad could hear, not to say anything or they would tell the police. Then they started laughing and I noticed that Dad had taken it as a joke. On the way to the farm they talked about how kind Don Laíto and Doña Bone were and how everyone liked them so much. I just kept looking out the car window and telling them yes. After about two months or so, just about when it seemed that I was forgetting all about it, they came to visit us at the farm. They had a present for me. A ring. They made me put it on and I remembered that it was the one the wetback had on that day. As soon as they left I tried to throw it away but I don't know why I couldn't. I thought that someone might find it. And the worst was that for a long time, as soon as I would see a stranger, I'd slip my hand into my pocket. That habit stayed with me for a long time.

It was an hour before the afternoon movie started. He needed a haircut, so he went into the barber shop across the street from the theater. At first he didn't quite understand, so he sat down and waited. But then the barber told him again that he couldn't cut his hair. He thought the barber didn't have time, so he remained seated waiting for the other barber. When he was finished with the client, he got up and walked to the barber's chair. But this barber told him the same thing. That he couldn't cut his hair. Furthermore, he told him that it would be better if he left. He crossed the street and stood there waiting for the theater to open, but then the barber came out and told him to leave. Then it all became clear to him and he went home to get his father.

A Silvery Night

%

It was a silvery night when he called the devil. Everything
was almost clear and it even smelled like day. The whole day he
thought about what could happen to him, but the more he thought
about it the more curious he became and the less fearful. So that
by the time everybody went to bed and turned off the lights, he
had already decided to go out right at midnight. He would have to
slide across the floor to the door without anyone hearing or seeing him.

"Dad. Why don't you leave the door open. There aren't
any mosquitos, anyway."

"Yes, but what if some animal gets in. You remember that
badger that got into the Floreses' home."

"But that was two years ago. Come on, leave it open. It's
real hot. Nothing's gonna get in. All that's left around here
are crows, and those don't get into people's houses. Come
on. See how all the other people leave their doors open."

"Yes, but at least they've got screens."

"Not all of them. Please. See how pretty the moon looks.
Everything is so peaceful."

"All right . . . No, Vieja, no animal is going to crawl in.
You and your fears."

The devil had fascinated him as far back as he could remember. Even when they had taken him to the shepherds plays at his
Aunt Pana's, he was already curious about how it might look. He
thought about Don Rayos, with his black metal mask, with his red
horns and black cape. Then he remembered how he found the
costume and the mask under Don Rayos' house. One of his mar-
bles had rolled under the house and when he reached for it he

96

found everything all full of dust. He pulled everything out, dusted it off and then he put on the mask.

"I tell you, compadre, you don't fool around with the devil. There are many who have summoned him and have regretted it afterwards. Most of them go insane. Sometimes they get together in groups to call him, so they won't be afraid. But he doesn't appear before them until later, when each of them is alone, and he appears in different shapes. No, nobody should fool with the devil. If you do, as they say, you give up your soul. Some die of fright, others don't. They just start looking real somber and then they don't even talk anymore. It's like their spirits have left their bodies."

From where he was lying on the floor he could see the clock on the table. He sensed each of his brothers and sisters falling asleep, one by one, and then his parents. He thought he could even make out the sound of snores coming from the other chicken shacks. Eleven to eleven-fifty went by the slowest. Occasionally, he felt somewhat fearful, but then he would look outside where everything was so still and serene under the silvery light of the moon and his fears quickly passed.

"If I leave here at eleven-fifty I'll have enough time to get to the center of the knoll. Good thing there's no snakes here, otherwise it'd be dangerous walking through the weeds that grow so tall at the center of the knoll. I'll call him right at twelve. I better take the clock so I'll know when it's exactly twelve. Otherwise, he might not come. It has to be right at midnight, exactly midnight."

Very slowly, without making a sound, he left, picking up the clock from the table. He put it in his pants' pocket and he noticed that it ticked louder inside the pocket than outside. Even once he was past the chicken coops he walked very slowly, stepping careful-

ly and stopping every now and then. He felt someone was watching him. He proceeded cautiously until he had passed the out-
house. From there the chicken coops were barely visible and he
began talking to himself but very softly.

"And how do I call him? Maybe he'll appear. No, I don't
think so. In any case, if he does appear he can't do anything
to me. I haven't died yet. So he can't do anything to me. I'd
just like to know whether there is or isn't . . . If there isn't a
devil, maybe there also isn't . . . No, I better not say it. I
might get punished. But if there's no devil maybe there's no
punishment. No, there has to be punishment. Well, how do
I call him? Just Devil? Or Imp? Or Demon? Lucifer? Satan?
. . . Whatever comes first."

He got to the center of the knoll and summoned him. At first
no words came out, from pure fright, but then his name slipped
out in a loud voice and nothing happened. He kept calling him by
different names. And nothing. No one came out. Everything looked
the same. Everything was the same. All peaceful. Then he thought
it would be better to curse the devil instead. So he did. He swore
at him using all the cuss words that he knew and in different tones
of voice. He even cursed the devil's mother. But nothing. Nothing
nor no one appeared, nor did anything change. Disillusioned and
feeling at moments a little brave, he headed back for the house.
The sound of the wind rustling the leaves of the trees seemed to
accompany his every step. There was no devil.

"But if there's no devil neither is there . . . No, I better
not say it. I might get punished. But there's no devil. Maybe
he'll appear before me later. No, he would've appeared
already. What better time than at night and me, alone? No,
there's no devil. There isn't."

Two or three different times he sensed someone calling him
but he didn't want to turn around. He didn't get scared because he
felt sure that it wasn't anyone nor anything. After he lay down,

very careful not to make a sound, certain that there was no devil, he began to feel chills and his stomach became upset. Before falling asleep he thought for a good while. There is no devil, there is nothing. The only thing that had been present in the woods was his own voice. No wonder, he thought, people said you shouldn't fool around with the devil. Now he understood everything. Those who summoned the devil went crazy, not because the devil appeared, but just the opposite, because he didn't appear. He fell asleep gazing at the moon as it jumped through the clouds and the trees, as if it was extremely content about something.

One afternoon a minister from one of the protestant churches in the town came to the farm and informed them that some man would be coming to teach them manual skills so that they would no longer have to work just in the fields. Practically all of the men got excited. He was going to teach them carpentry. A man came about two weeks later in a station wagon hauling a trailer. He brought with him the minister's wife to assist him as interpreter. But they never taught them anything. They would spend the entire day inside the trailer. A week later they left without a word. They later learned that the man had run off with the minister's wife.

. . . And the Earth Did Not Devour Him

The first time he felt hate and anger was when he saw his mother crying for his uncle and his aunt. They both had caught tuberculosis and had been sent to different sanitariums. So, between the brothers and sisters, they had split up the children among themselves and had taken care of them as best they could. Then the aunt died, and soon thereafter they brought the uncle back from the sanitarium, but he was already spitting blood. That was when he saw his mother crying every little while. He became angry because he was unable to do anything against anyone. Today he felt the same. Only today it was for his father.

"You all should've come home right away, m'ijo. Couldn't you see that your daddy was sick? You should have known that he'd suffered a sunstroke. Why didn't you come home?"

"I don't know. Us being so soaked with sweat, we didn't feel so hot, but I guess that when you're sunstruck it's different. But I did tell him to sit down under the tree that's at the edge of the rows, but he didn't want to. And that was when he started throwing up. Then we saw he couldn't hoe anymore and we dragged him and put him under a tree. He didn't put up a fuss at that point. He just let us take him. He didn't even say a word."

"Poor viejo, my poor viejo. Last night he hardly slept. Didn't you hear him outside the house? He squirmed in bed all night with cramps. God willing, he'll get well. I've been giving him cool lemonade all day, but his eyes still look glassy. If I'd gone to the fields yesterday, I tell you, he wouldn't have gotten sick. My poor viejo, he's going to have cramps all over his body for three days and three nights at the least. Now, you all take care of yourselves. Don't overwork yourselves so much. Don't pay any mind to that boss if he tries to

101

rush you. Just don't do it. He thinks it's so easy since he's not the one who's out there stooped."

He became even angrier when he heard his father moan outside the chicken coop. He wouldn't stay inside because he said it made him feel very anxious. Outside where he could feel the fresh air was where he got some relief. And also when the cramps came he could roll over on the grass. Then he thought about whether his father might die from the sunstroke. At times he heard his father start to pray and ask for God's help. At first he had faith that he would get well soon but by the next day he felt the anger growing inside of him. And all the more when he heard his mother and his father clamoring for God's mercy. That night, well past midnight, he had been awakened by his father's groans. His mother got up and removed the scapularies from around his neck and washed them. Then she lit some candles. But nothing happened. It was like his aunt and uncle all over again.

"What's to be gained from doing all that, Mother? Don't tell me you think it helped my aunt and uncle any. How come we're like this, like we're buried alive? Either the germs eat us alive or the sun burns us up. Always some kind of sickness. And every day we work and work. For what? Poor Dad, always working so hard. I think he was born working. Like he says, barely five years old and already helping his father plant corn. All the time feeding the earth and the sun, only to one day, just like that, get struck down by the sun. And there you are, helpless. And them, begging for God's help . . . why, God doesn't care about us . . . I don't think there even is . . . No, better not say it, what if Dad gets worse. Poor Dad, I guess that at least gives him some hope."

His mother noticed how furious he was, and that morning she told him to calm down, that everything was in God's hands and that with God's help his father was going to get well.

"Oh, Mother, do you really believe that? I am certain that God has no concern for us. Now you tell me, is Dad evil or mean-hearted? You tell me if he has ever done any harm to anyone."

"Of course not."

"So there you have it. You see? And my aunt and uncle? You explain. And the poor kids, now orphans, never having known their parents. Why did God have to take them away? I tell you, God could care less about the poor. Tell me, why must we live here like this? What have we done to deserve this? You're so good and yet you have to suffer so much."

"Oh, please, m'ijo, don't talk that way. Don't speak against the will of God. Don't talk that way, please, m'ijo. You scare me. It's as if already the blood of Satan runs through your veins."

"Well, maybe. That way at least, I could get rid of this anger. I'm so tired of thinking about it. Why? Why you? Why Dad? Why my uncle? Why my aunt? Why their kids? Tell me, Mother, why? Why us, burrowed in the dirt like animals with no hope for anything? You know the only hope we have is coming out here every year. And like you yourself say, only death brings rest. I think that's the way my aunt and uncle felt and that's how Dad must feel too."

"That's how it is, m'ijo. Only death brings us rest."

"But why us?"

"Well, they say that . . . "

"Don't say it. I know what you're going to tell me—that the poor go to heaven."

That day started out cloudy and he could feel the morning coolness brushing his eyelashes as he and his brothers and sisters began the day's labor. Their mother had to stay home to care for her husband. Thus, he felt responsible for hurrying on his brothers and sisters. During the morning, at least for the first few hours, they endured the heat but by tenthirty the sun had suddenly cleared the skies and pressed down against the world. They began working more slowly because of the weakness, dizziness and suffocation they felt when they worked too fast. Then they had to wipe the sweat from their eyes every little while because their vision would get blurred.

"If you start blacking out, stop working, you hear me? Or go a little slower. When we reach the edge we'll rest a bit to get our strength back. It's gonna be hot today. If only it'd stay just a bit cloudy like this morning, then nobody would complain. But no, once the sun bears down like this not even one little cloud dares to appear out of fear. And the worst of it is we'll finish up here by two and then we have to go over to that other field that's nothing but hills. It's okay at the top of the hill but down in the lower part of the slopes it gets to be real suffocating. There's no breeze there. Hardly any air goes through. Remember?"

"Yeah."

"That's where the hottest part of the day will catch us. Just drink plenty of water every little while. It don't matter if the boss gets mad. Just don't get sick. And if you can't go on, tell me right away, all right? We'll go home. Y'all saw what happened to Dad when he pushed himself too hard. The sun has no mercy, it can eat you alive."

Just as they had figured, they had moved on to the other field by early afternoon. By three o'clock they were all soaked with sweat. Not one part of their clothing was dry. Every little while they would stop. At times they could barely breath, then they would black out and they would become fearful of getting sun-struck, but they kept on working.

"How do y'all feel?"

"Man, it's so hot! But we've got to keep on. 'Til six, at least. Except this water don't help our thirst any. Sure wish I had a bottle of cool water, real cool, fresh from the well, or a Coke ice-cold."

"Are you crazy? That'd sure make you sunsick right now. Just don't work so fast. Let's see if we can make it until six. What do you think?"

At four o'clock the youngest became ill. He was only nine years old, but since he was paid the same as a grown up he tried to keep up with the rest. He began vomiting. He sat down, then he laid down. Terrified, the other children ran to where he lay and looked at him. It appeared that he had fainted and when they opened his eyelids they saw his eyes were rolled back. The next youngest child started crying but right away he told him to stop and help him carry his brother home. It seemed he was having cramps all over his little body. He lifted him and carried him by himself and, again, he began asking himself why?

"Why Dad and then my little brother? He's only nine years old. Why? He has to work like a mule buried in the earth. Dad, Mom, and my little brother here, what are they guilty of?"

Each step that he took towards the house resounded with the question, *why?* About halfway to the house he began to get furious. Then he started crying out of rage. His little brothers and sisters did not know what to do, and they, too, started crying, but out of fear. Then he started cursing. And without even realizing it, he said what he had been wanting to say for a long time. He cursed God. Upon doing this he felt that fear instilled in him by the years and by his parents. For a second he saw the earth opening up to devour him. Then he felt his footsteps against the earth, compact, more solid than ever. Then his anger swelled up again and he vented it by cursing God. He looked at his brother, he no longer looked sick. He didn't know whether his brothers and sisters had understood the graveness of his curse.

That night he did not fall asleep until very late. He felt at peace as never before. He felt as though he had become detached from everything. He no longer worried about his father nor his brother. All that he awaited was the new day, the freshness of the morning. By daybreak his father was doing better. He was on his way to recovery. And his little brother, too; the cramps had almost completely subsided. Frequently he felt a sense of surprise upon recalling what he had done the previous afternoon. He thought of telling his mother, but he decided to keep it secret. All he told her was that the earth did not devour anyone, nor did the sun.

He left for work and encountered a very cool morning. There were clouds in the sky and for the first time he felt capable of doing and undoing anything that he pleased. He looked down at the earth and kicked it hard and said:

"Not yet, you can't swallow me up yet. Someday, yes. But I'll never know it."

A stroke left the grandfather paralyzed from the neck down. One day one of his grandsons came by to visit with him. The grandfather asked him how old he was and what he most wanted in life. The grandson replied that he was twenty and what he most wanted was for the next ten years to pass by immediately so that he would know what had happened in his life. The grandfather told him he was very stupid and cut off the conversation. The grandson did not understand why he had called him stupid until he turned thirty.

First Communion

The priest always held First Communion during mid-spring. I'll always remember that day in my life. I remember what I was wearing and I remember my godfather and the pastries and chocolate that we had after mass, but I also remember what I saw at the cleaners that was next to the church. I think it all happened because I left so early for church. It's that I hadn't been able to sleep the night before, trying to remember all of my sins, and worse yet, trying to count the exact number. Furthermore, since Mother had placed a picture of hell at the head of the bed and since the walls of the room were papered with images of the devil and since I wanted salvation from all evil, that was all I could think of.

"Remember, children, be very quiet, very very quiet. You have learned your prayers well, and now you know which are the mortal sins and which are the venial sins, now you know what sacrilege is, now you know that you are God's children, but you can also be children of the devil. When you go to confession you must tell all of your sins, you must try to remember all of the sins you have committed. Because if you forget one and receive Holy Communion then that would be a sacrilege and if you commit sacrilege you will go to hell. God knows all. You cannot lie to God. You can lie to me and to the priest, but God knows everything; so if your soul is not pure of sin, then you should not receive Holy Communion. That would be a sacrilege. So everyone confess all of your sins. Remember all of your sins. Wouldn't you be ashamed if you received Holy Communion and then later remembered a sin that you had forgotten to confess? Now, let's see, let us practice confessing our sins. Who would like to start? Let us begin with the sins that we commit with our hands when we touch our bodies. Who would like to start?"

The nun liked for us to talk about the sins of the flesh. The truth was that we practiced a lot telling our sins, but the real truth was that I didn't understand a lot of things. What did scare me was the idea of going to hell because some months earlier I had fallen against a small basin filled with hot coals which we used as a heater in the little room where we slept. I had burned my calf. I could well imagine how it might be to burn in hell forever. That was all that I understood. So I spent that night, the eve of my First Communion, going over all the sins I had committed. But what was really hard was coming up with the exact number like the nun wanted us to. It must have been dawn by the time I finally satisfied my conscience. I had committed one hundred and fifty sins, but I was going to admit to two hundred.

"If I say one hundred and fifty and I've forgotten some, that would be bad. I'll just say two hundred and that way even if I forget lots of them I won't commit any kind of sacrilege. Yes, I have committed two hundred sins . . . Father, I have come to confess my sins . . . How many? . . . Two hundred . . . of all kinds . . . The Commandments? Against all of the Ten Commandments . . . This way there will be no sacrilege. It's better this way. By confessing more sins you'll be purer."

I remember I got up much earlier than Mother had expected. My godfather would be waiting for me at the church and I didn't want to be even one second late.

"Hurry, Mother, get my pants ready, I thought you already ironed them last night."

"It's just that I couldn't see anymore last night. My eyesight is failing me now and that's why I had to leave them for this morning. But, what's your hurry now? It's still very early. Confession isn't until eight o'clock and it's only six. Your padrino won't be there until eight."

"I know, but I couldn't sleep. Hurry, Mother, I want to leave now."

"And what are you going to do there so early?"

"Well, I want to leave because I'm afraid I'll forget the sins I have to confess to the priest. I can think better at the church."

"All right, I'll be through in just a minute. Believe me, as long as I can see I'm able to do a lot."

I headed for church repeating my sins and reciting the Holy Sacraments. The morning was already bright and clear but there weren't many people out in the street yet. The morning was cool. When I got to the church I found that it was closed. I supposed the priest might have overslept or was very busy. That was why I walked around the church and passed by the cleaners that was next to the church. The sound of loud laughter and moans surprised me because I didn't expect anybody to be in there. I thought it might be a dog but then it sounded like people again and that's why I peeked in through the little window in the door. They didn't see me but I saw them. They were naked and embracing each other, lying on some shirts and dresses on the floor. I don't know why but I couldn't move away from the window. Then they saw me and tried to cover themselves, and they yelled at me to get out of there. The woman's hair looked all messed up and she looked like she was sick. And, to tell the truth, I got scared and ran to the church but I couldn't get my mind off of what I had seen. I realized then that maybe those were the sins that we committed with our hands. But I couldn't forget the sight of that woman and that man lying on the floor. When my friends started arriving I was going to tell them but then I thought it would be better to tell them after communion. More and more I felt like I was the one who had committed a sin of the flesh.

"There's nothing I can do now. But I can't tell the others 'cause they'll sin like me. I better not go to communion. It's better that I don't go to confession. I can't, now that I know, I can't. But what will Mom and Dad say if I don't go to communion? And my padrino, I can't leave him there waiting. I have to confess what I saw. I feel like going back. Maybe

they're still there on the floor. I have no other choice choice,
I'm gonna have to lie. What if I forget it between now and
confession? Maybe I didn't see anything. And if I hadn't seen
anything?"

I remember that when I went in to confess and the priest asked
for my sins, all I told him was two hundred and of all kinds. I did
not confess the sin of the flesh. When I returned to the house with
my godfather, everything seemed changed, like I was and yet wasn't
in the same place. Everything seemed smaller and less important.
When I saw Dad and Mother, I imagined them on the floor. I started seeing all of the grown-ups naked and their faces even looked
distorted, and I could even hear them laughing and moaning, even
though they weren't even laughing. Then I started imagining the
priest and the nun on the floor. I could hardly eat any of the sweet
bread or drink the hot chocolate. As soon as I finished, I recall running out of the house. It felt like I couldn't breathe.

"So, what's the matter with him? Such manners!"
"Ah, compadre, let him be. You don't have to be concerned on my account. I have my own. These young ones,
all they can think about is playing. Let him have a good
time, it's the day of his First Communion."
"Sure, compadre, I'm not saying they shouldn't play. But
they have to learn to be more courteous. They have to show
more respect towards adults, their elders, and all the more
for their padrino."
"No, well, that's true."

I remember I headed toward the thicket. I picked up some rocks
and threw them at the cactus. Then I broke some bottles. I climbed
a tree and stayed there for a long time until I got tired of thinking. I
kept remembering the scene at the cleaners, and there, alone, I even
liked recalling it. I even forgot that I had lied to the priest. And then
I felt the same as I once had when I had heard a missionary speak
about the grace of God. I felt like knowing more about everything.
And then it occurred to me that maybe everything was the same.

The teacher was surprised when, hearing that they needed a button on the poster to represent the button industry, the child tore one off his shirt and offered it to her. She was surprised because she knew that this was probably the only shirt the child had. She didn't know whether he did this to be helpful, to feel like he belonged or out of love for her. She did feel the intensity of the child's desire and this was what surprised her most of all.

The Little Burnt Victims

There were five in the García family. Don Efraín, Doña Chona and their three children: Raulito, Juan and María—seven, six and five years old, respectively. On Sunday evening they arrived from the theater excited over the movie about boxing that they had watched. Don Efraín was the most excited. When they arrived, he brought out the boxing gloves he had bought for the children and then he made them put them on. He even stripped them down to their shorts and rubbed a bit of alcohol on their little chests, just like they had seen done in the movie. Doña Chona didn't like for them to box because someone would always end up getting mad and then the wailing would start and last for a long time.

"That's enough, Viejo. Why do you make them fight? Remember how Juan's nose always starts to bleed and you know how hard it is to make the bleeding stop. Come on, Viejo, let them go to bed."

"Man, Vieja!"

"I'm not a man."

"Oh, let them fight. Maybe they'll at least learn how to defend themselves."

"But can't you see that we barely have enough room to stand up in this chicken shack and there you are running around like we had so much space."

"And what do you think they do when we go to work? I wish they were older so we could take them with us to the fields. They could work or at least sit quietly in the car."

"Yeah, but do you really think so? The older they get, the more restless they become. I don't like it at all leaving them here by themselves."

112

"Maybe one of them will turn out good with the glove, and then we'll be set, Vieja. Just think how much money champions win. Thousands and thousands. I'm gonna see if I can order them a punching bag through the catalog next week, as soon as we get paid."

"Well, true. You never know, right?"

"Right. That's what I'm telling you."

The three children were left to themselves in the house when they went to work because the owner didn't like children in the fields doing mischief and distracting their parents from their work. Once they took them along and kept them in the car, but the day had gotten very hot and stuffy and the children had even gotten sick. From then on they decided to leave them at home instead, although, they worried about them all day long. Instead of packing a lunch, they would go home at noon to eat and that way they could check on them to see if they were all right. That following Monday they got up before dawn as usual and left for work. They left the children fast asleep.

"You look real happy, Viejo."

"You know why."

"No, it's not just that. You look like you're happier than just because of that."

"It's just that I love my children so much, like you. And I was thinking about how they also like to play with us."

At about ten o'clock that morning, from where they were working in the fields they noticed smoke rising from the direction of the farm. Everyone stopped working and ran to their cars. They sped toward the farm. When they arrived they found the Garcías' shack engulfed in flames. Only the eldest child survived. The bodies of the other children were charred in the blaze.

"They say that the oldest child made Juan and María put on the gloves. They were just playing. But then I think he rubbed some alcohol on their chests and who knows what other stuff on their little bodies like they had seen done in the movie. That's how they were playing."

"But how did the fire get started?"

"Well, the oldest, Raulito, started to fry some eggs while they were playing and somehow or other their little bodies caught on fire, and you can imagine."

"He must have rubbed lots of alcohol on them."

"You know all the junk that piles up in the house, so cramped for space and all. I believe the kerosene tank on the stove exploded and . . . that was it. The explosion must have covered them with flames and, of course, the shack, too."

"Why, sure."

"And you know what?"

"What?"

"The only thing that didn't get burnt up was the pair of gloves. They say they found the little girl all burnt up and with the gloves on."

"But I wonder why the gloves didn't get burned up?"

"Well, you know how those people can make things so good. Not even fire can destroy them."

"And the Garcías', how are they getting along?"

"Well, they're getting over their grief, although I don't believe they'll ever be able to forget it. What else can you do? I tell you, you never know when your turn's up. My heart goes out to them. But you never know."

"So true."

It was a beautiful wedding day. Throughout the previous week the groom and his father had been busy fixing up the yard at the bride's house and setting up a canvas tent where the couple would be congratulated by family and friends. They used the limbs of pecan trees and wild flowers to decorate and everything was arranged very nicely. Then they smoothed down the ground in front of the tent very neatly. Every little while they sprinkled water on it to pack down the soil. This way the dust wouldn't get stirred up so much once the dancing got started. After they were married in the church the couple strolled down the street followed by a procession of godmothers and godfathers and ahead of them a bunch of children running and shouting, "Here come the newlyweds!"

The Night the Lights Went Out
❦

The night the lights went out in the town some became frightened and others did not. It wasn't storming nor was there any lightning, so some didn't find out until later. Those who were at the dance had found out but those who weren't hadn't . . . until the next day. Those who stayed home just noticed that right after the lights went out the music was no longer heard through the night and they figured that the dance had ended. But they didn't find out anything until the next day.

"That Ramón, he loved his girlfriend a lot. Yes, he loved her a lot. I know so because he was my friend and, well, you know he wasn't one who talked much, but anyway, he would tell me everything. Many times he'd say how much he loved her. They'd been going together since last year and they had given each other real pretty rings that they bought at Kress. And she loved him too but who knows what had happened this summer. They say it was the first time in four months that he had seen her . . . no one knows, no one really knows . . ."

"Look, I promise you I'm not gonna see anybody else or flirt with anyone. I promise you. I want to marry you . . . Look, we can go away together right now if you want to . . . Well, we'll wait then, until we finish school. But, look, I promise you I won't go around with anyone else nor flirt with anyone. I promise you. We can leave right now if you want to. I can support you. I know, I know . . . but they'll get over it. Let's go. Will you go with me?"

"No, it's better to wait, don't you think? It's better if we do it right. I promise you too . . . You know that I love you.

Trust me. Dad wants me to finish school. And, well, I have to do what he says. But that doesn't mean I don't love you just 'cause I can't go away with you. I do love you, I love you very much. I won't go around with anybody else either. I promise you."

"Oh, come on. You know everybody knows. I heard something else. Somebody told me that she'd been going around with some dude out there in Minnesota. And that she still kept on writing to Ramón. Kept on lying to him. Some of Ramón's friends told him everything. They were working at the same farm where she was. And then when they saw him out here they told him right off. He was faithful to her but she wasn't. She was going around with some guy from San Antonio. He was nothing but a show-off and he was always all duded up. They say he wore orange shoes and real long coats and always had his collar turned up . . . But her, I think she liked to mess around, otherwise she wouldn't have been unfaithful. What was bad was her not breaking up with him. When he found out, Juanita hadn't returned yet from up north and he took to drinking a lot. I saw him once when he was drunk and all he would say was that he was hurting. That that was all that women left behind, nothing but pain inside."

"When I get back to Texas I'll take her away with me. I can't go on like this anymore. She'll come with me. She will. She's done me wrong. How I love her. With each swing of this hoe I hear her name. How come you feel this way when you're in love? I no sooner finish supper and I'm staring at her picture until dark. And at noon, during the lunch hour, too. But the thing is, I don't really remember how she looks. The picture doesn't seem to look like her anymore. Or she doesn't look like the picture. When the others make fun of me, I just go off to the woods. I see the picture but I just don't remember anymore how she looks, even if I see her picture. Maybe it's best to not look at it so much. She promised she'd be faithful. And she is, because her eyes and her smile keep telling me so when I picture her in my mind. Soon it'll be time to return to Texas. Each time I wake to the early crow of the roosters I feel like I'm already there and that I'm watching her walk down the street. It won't be long now."

"Well, it's not that I don't love Ramón, but this guy, he's a real smooth talker and we just talk, that's all. And all the girls just stare at him. He dresses really fine, too. It's not that I don't love Ramón, but this guy is real nice and his smile, I see it all day long . . . No, I'm not breaking up with Ramón. And, anyway, what's wrong with just talking? I don't want to get serious with this guy, I promised Ramón but he just keeps on following and following me around. I don't want to get serious with him . . . I don't want to lose Ramón, I'm not getting involved with this guy. I just want him around to make the other girls jealous. No, I can't break up with Ramón because I really do love him a lot. It won't be long before we'll see each other again . . . Who said he was talking to Petra? Well, then, why is he always following me around? I'll have you know he even sends mc lctters every day with Don José's little boy."

" . . . I know you're going with someone else but I like talking to you. Ever since I got here and saw you I want to be with you more and more. Go to the dance Saturday and dance with me all night . . . Love you, Ramiro."

"They say she danced the whole night with Ramiro. I think her friends told her something about it but she just ignored them. This happened about the time when the work season was almost over and at the last dance, when they were saying good-bye, they promised to see each other back here. I don't think she even remembered Ramón at that moment. But by then Ramón already knew everything. That's why on that day, after not seeing each other in four months, he threw it all in her face. I was with him that day,

I was with him when he saw her and I remember well that he was so happy to see her that he wasn't mad anymore. But then, after talking to her for a while he started getting angry all over again. They broke up right then and there."

"You do whatever you want."

"You can be sure of that."

"You're breaking up with me?"

"Yeah, and if you go to the dance tonight you better not dance with anyone else."

"And why shouldn't I? We're not going around anymore. We broke up. You can't tell me what to do."

"I don't care if we broke up or not. You're gonna pay for this. You're gonna do what I say, when I say and for as long as I say. Nobody makes a fool out of me. You're gonna pay for this one, one way or another."

"You can't tell me what to do."

"You're gonna do what I say and if you don't dance with me, you don't dance with anyone. And I mean for the entire dance."

"Well, they say that Juanita asked her parents for permission to leave early for the dance. She went with some of her friends and the orchestra hadn't even started playing and there they were already at the dance hall, standing by the door so the guys would see them and ask them to dance right away. Juanita had been dancing with only one guy when Ramón got there. He walked in and looked all around for her. He saw her dancing and when the song ended he went over and grabbed her away from the guy. This guy, just a kid, didn't say anything, he just walked away and asked someone else to dance. Anyway, when the music started again Juanita refused to dance with Ramón. They were standing right in the middle of the dance floor and all the other couples were dancing around them. They stood there arguing and then she slapped him, and he yelled something at her and charged out of the dance hall. Juanita walked over

to a bench and sat down. The song hadn't even ended when
all the lights went out. There was a bunch of yelling and
screaming and they tried to turn them back on but then they
saw that the whole town had blacked out."

The workers from the electric company found Ramón inside
the power plant that was about a block away from the dance hall.
They say that his body was burnt to a crisp and that he was holding on to one of the transformers. That's why all the lights went
out. The people at the dance found out almost right away. And
the ones who were close to Ramón and Juanita heard him tell her
that he was going to kill himself because of her. The people at
home didn't find out until the next day, that Sunday morning
before and after mass.

"They just loved each other so much, don't you think?"
"No doubt."

A little before six, just before the spinach pickers would be getting home, there was the high-pitched signal of the horn at the water tank, then the sound of fire trucks, and then some moments later the ambulance sirens. By six o'clock some of the workers arrived with the news of how one of the trucks transporting workers had collided with a car and was still burning. When the car hit it, those who were not thrown out of the van on impact were trapped. Those who witnessed the crash said that the truck had immediately burst into flames and that they had seen some victims, poor souls, running from the wreckage toward the thicket with their hair aflame. They say the Anglo woman driving the car was from a dry county and that she'd been at a bar drinking, upset because her husband had left her. There were sixteen dead.

The Night Before Christmas

Christmas Eve was approaching and the barrage of commercials, music and Christmas cheer over the radio and the blare of announcements over the loud speakers on top of the station wagon advertising movies at the Teatro Ideal resounded and seemed to draw it closer. It was three days before Christmas when Doña María decided to buy something for her children. This was the first time she would buy them toys. Every year she intended to do it but she always ended up facing up to the fact that, no, they couldn't afford it. She knew that her husband would be bringing each of the children candies and nuts anyway and so she would rationalize that they didn't need to get them anything else. Nevertheless, every Christmas the children asked for toys. She always appeased them with the same promise. She would tell them to wait until the sixth of January, the day of the Reyes Magos, and by the time that day arrived the children had already forgotten all about it. But now she noticed that each year the children seemed less and less taken with Don Chon's visit on Christmas Eve when he came bearing a sack of oranges and nuts.

"But why doesn't Santa Claus bring us anything?"

"What do you mean? What about the oranges and nuts he brings you?"

"No, that's Don Chon."

"No, I'm talking about what you always find under the sewing machine."

"What, Dad's the one who brings that, don't think we don't know that. Aren't we good like the other kids?"

"Of course, you're good children. Why don't you wait until the day of the Reyes Magos. That's when toys and gifts really arrive. In Mexico, it's not Santa Claus who brings

122

gifts, but the Three Wise Men. And they don't come until the sixth of January. That's the real date."

"Yeah, but they always forget. They've never brought us anything, not on Christmas Eve, not on the day of the Three Kings."

"Well, maybe this time they will."

"Yeah, well, I sure hope so."

That was why she made up her mind to buy them something. But they didn't have the money to spend on toys. Her husband worked almost eighteen hours a day washing dishes and cooking at a restaurant. He didn't have time to go downtown and buy toys. Besides, they had to save money every week to pay for the trip up north. Now they even charged for children too, even if they rode standing up the whole way to Iowa. So it cost them a lot to make the trip. In any case, that night when her husband arrived, tired from work, she talked to him about getting something for the children.

"Look, Viejo, the children want something for Christmas."

"What about the oranges and nuts I bring them?"

"Well, they want toys. They're not content anymore with just fruits and nuts. They're a little older now and more aware of things."

"They don't need anything."

"Now, you can't tell me you didn't have toys when you were a kid."

"I used to *make* my own toys, out of clay . . . little horses and little soldiers . . . "

"Yes, but it's different here. They see so many things . . . come on, let's go get them something . . . I'll go to Kress myself."

"You?"

"Yes, me."

"Aren't you afraid to go downtown? You remember that time in Wilmar, out in Minnesota, how you got lost downtown. Are you sure you're not afraid?"

"Yes, yes, I remember, but I'll just have to get my courage up. I've thought about it all day long and I've set my mind to it. I'm sure I won't get lost here. Look, I go out to the street. From here you can see the ice house. It's only four blocks away, so Doña Regina tells me. When I get to the ice house I turn to the right and go two blocks and there's downtown. Kress is right there. Then, I come out of Kress, walk back towards the ice house and turn back on this street, and here I am."

"I guess it really won't be difficult. Yeah. Fine. I'll leave you some money on top of the table when I go to work in the morning. But be careful, Vieja, there's a lot of people downtown these days."

The fact was that Doña María very rarely left the house. The only time she did was when she visited her father and her sister who lived on the next block. And she only went to church whenever someone died and, occasionally, when there was a wedding. But she went with her husband, so she never took notice of where she was going. And her husband always brought her everything. He was the one who bought the groceries and clothing. In reality she was unfamiliar with downtown even though it was only six blocks away. The cemetery was on the other side of downtown and the church was also in that direction. The only time that they passed through downtown was whenever they were on their way to San Antonio or whenever they were returning from up north. And this would usually be during the wee hours of the morning or at night. But that day she was determined and she started making preparations.

The next day she got up early as usual, and after seeing her husband and children off, she took the money from the table and began getting ready to go downtown. This didn't take her long.

"My God, I don't know why I'm so fearful. Why, downtown is only six blocks from here. I just go straight and then after I cross the tracks turn right. Then go two blocks and there's Kress. On the way back, I walk two blocks back and then I turn to the left and keep walking until I'm home again. God willing, there won't be any dogs on the way. And I just pray that the train doesn't come while I'm crossing the tracks and catches me right in the middle . . . I just hope there's no dogs . . . I hope there's no train coming down the tracks."

She walked the distance from the house to the railroad tracks rapidly. She walked down the middle of the street all the way. She was afraid to walk on the sidewalk. She feared she might get bitten by a dog or that someone might grab her. In fact, there was only one dog along the entire stretch and most of the people didn't even notice her walking toward downtown. She nevertheless kept walking down the middle of the street and, luckily, not a single car passed by, otherwise she would not have known what to do. Upon arriving at the crossing she was suddenly struck by intense fear. She could hear the sound of moving trains and their whistles blowing and this was unnerving her. She was too scared to cross. Each time she mustered enough courage to cross she heard the whistle of the train and, frightened, she retreated and ended up at the same place. Finally, overcoming her fear, she shut her eyes and crossed the tracks. Once she got past the tracks, her fear began to subside. She got to the corner and turned to the right.

The sidewalks were crowded with people and her ears started to fill up with a ringing sound, the kind that, once it started, it wouldn't stop. She didn't recognize any of the people around her. She wanted to turn back but she was caught in the flow of the crowd which shoved her onward toward downtown and the sound kept ringing louder and louder in her ears. She became frightened and more and more she was finding herself unable to remember why she was there amid the crowd of people. She stopped in an alley way between two stores to regain her composure a bit. She stood there for a while watching the passing crowd.

"My God, what is happening to me? I'm starting to feel the same way I did in Wilmar. I hope I don't get worse. Let me see . . . the ice house is in that direction no it's that way.

No, my God, what's happening to me? Let me see . . . I
came from over there to here. So it's in that direction. I
should have just stayed home. Uh, can you tell me where
Kress is, please? . . . Thank you."

She walked to where they had pointed and entered the store. The
noise and pushing of the crowd was worse inside. Her anxiety
soared. All she wanted was to leave the store but she couldn't find
the doors anywhere, only stacks and stacks of merchandise and people crowded against one another. She even started hearing voices
coming from the merchandise. For a while she stood, gazing blankly
at what was in front of her. She couldn't even remember the names
of the things. Some people stared at her for a few seconds, others
just pushed her aside. She remained in this state for a while, then
she started walking again. She finally made out some toys and put
them in the bag. Suddenly she no longer heard the noise of the
crowd. She only saw the people moving about their legs, their arms,
their mouths, their eyes. She finally asked where the door, the exit
was. They told her and she started in that direction. She pressed
through the crowd, pushing her way until she pushed open the door
and exited.

She had been standing on the sidewalk for only a few seconds,
trying to figure out where she was, when she felt someone grab
her roughly by the arm. She was grabbed so tightly that she gave
out a cry.

"Here she is . . . these damn people, always stealing
something, stealing. I've been watching you all along. Let's
have that bag."

"But . . . "

Then she heard nothing for a long time. All she saw was the
pavement moving swiftly towards her face and a small pebble that
bounced into her eye and was hurting a lot. She felt someone
pulling her arms and when they turned her, face up, all she saw
were faces far away. Then she saw a security guard with a gun in
his holster and she was terrified. In that instant she thought about
her children and her eyes filled with tears. She started crying.

Then she lost consciousness of what was happening around her, only feeling herself drifting in a sea of people, their arms brushing against her like waves.

"It's a good thing my compadre happened to be there. He's the one who ran to the restaurant to tell me. How do you feel?"

"I think I must be crazy, Viejo."

"That's why I asked you if you weren't afraid you might get sick like in Wilmar."

"What will become of my children with a mother who's insane? A crazy woman who can't even talk, can't even go downtown."

"Anyway, I went and got the notary public. He's the one who went with me to the jail. He explained everything to the official. That you got dizzy and that you get nervous attacks whenever you're in a crowd of people."

"And if they send me to the insane asylum? I don't want to leave my children. Please, Viejo, don't let them take me, don't let them. I shouldn't have gone downtown."

"Just stay here inside the house and don't leave the yard. There's no need for it anyway. I'll bring you everything you need. Look, don't cry anymore, don't cry. No, go ahead and cry, it'll make you feel better. I'm gonna talk to the kids and tell them to stop bothering you about Santa Claus. I'm gonna tell them there's no Santa Claus, that way they won't trouble you with that anymore."

"No, Viejo, don't be mean. Tell them that if he doesn't bring them anything on Christmas Eve, it's because the Reyes Magos will be bringing them something."

"But . . . well, all right, whatever you say. I suppose it's always best to have hope."

The children, who were hiding behind the door, heard everything, but they didn't quite understand it all. They awaited the day of the Reyes Magos as they did every year. When that day came and went with no arrival of gifts, they didn't ask for explanations.

Before people left for up north the priest would bless their cars and trucks at five dollars each. One time he made enough money to take a trip to Barcelona, in Spain, to visit his parents and friends. He brought back words of gratitude from his family and some postcards of a very modern church. These he placed by the entrance of the church for the people to see, that they might desire a church such as that one. It wasn't long before words began to appear on the cards, then crosses, lines and con safos symbols, just as had happened to the new church pews. The priest was never able to understand the sacrilege.

The Portrait

As soon as the people returned from up north the portrait salesmen began arriving from San Antonio. They would come to rake in. They knew that the workers had money and that was why, as Dad used to say, they would flock in. They carried suitcases packed with samples and always wore white shirts and ties. That way they looked more important and the people believed everything they would tell them and invite them into their homes without giving it much thought. I think that down deep they even ᴡᴀɴᴛᴇᴅ ꜰᴏʀ ᴛʜᴇɪʀ ᴄʜɪʟᴅʀᴇɴ ᴛᴏ ᴏɴᴇ ᴅᴀʏ ʙᴇ ʟɪᴋᴇ ᴛʜᴇᴍ. In any event, they would arrive and make their way down the dusty streets, going house to house carrying suitcases full of samples.

I remember once I was at the house of one of my father's friends when one of these salesmen arrived. I also remember that that particular one seemed a little frightened and timid. Don Mateo asked him to come in because he wanted to do business.

"Good afternoon, boss. I would like to tell you about something new that we're offering this year."

"Well, let's see, let's see . . . "

"Well, sir, see, you give us a picture, any picture you may have, and we will not only enlarge it for you but we'll also set it in a wooden frame like this one and with inlays, like this—three dimensional, as they say."

"And what for?"

"So that it will look real. That way . . . look, let me show you . . . see? Doesn't he look real, like he's alive?"

"Man, he sure does. Look, Vieja. This looks great. Well, you know, we wanted to send some pictures to be enlarged . . . but now, this must cost a lot, right?"

"No, I'll tell you, it costs about the same. Of course, it takes more time."

"Well, tell me, how much?"

"For as little as thirty dollars we'll deliver it to you done with inlays just like this, one this size."

"Boy, that's expensive! Didn't you say it didn't cost a lot more? Do you take installments?"

"Well, I'll tell you, we have a new manager and he wants everything in cash. It's very fine work. We'll make it look like real. Done like that, with inlays . . . take a look. What do you think? Some fine work, wouldn't you say? We can have it all finished for you in a month. You just tell us what color you want the clothes to be and we'll come by with it all finished one day when you least expect, framed and all. Yes, sir, a month at the longest. But like I say, this man who's the new manager, he wants the full payment in cash. He's very demanding, even with us."

"Yes, but it's much too expensive."

"Well, yes. But the thing is, this is very fine work. You can't say you've ever seen portraits done like this, with wood inlays."

"No, well, that's true. What do you think, Vieja?"

"Well, I like it a lot. Why don't we order one? And if it turns out good . . . my Chuy . . . may he rest in peace. It's the only picture we have of him. We took it right before he left for Korea. Poor m'ijo, we never saw him again. See . . . this is his picture. Do you think you can make it like that, make it look like he's alive?"

"Sure, we can. You know, we've done a lot of them in soldier's uniforms and shaped it, like you see in this sample, with inlays. Why, it's more than just a portrait. Sure. You just tell me what size you want and whether you want a round or square frame. What do you say? How should I write it down?"

"What do you say, Vieja, should we have it done like this one?"

"Well, I've already told you what I think. I would like to have m'ijo's picture fixed up like that and in color."

"All right, go ahead and write it down. But you take good care of that picture for us because it's the only one we have of our son grown up. He was going to send us one all dressed up in uniform with the American and Mexican flags

crossed over his head, but he no sooner got there when a letter arrived telling us that he was missing in action. So you
take good care of it."

"Don't you worry. We're responsible people. And we
understand the sacrifices that you people make. Don't worry.
And you just wait and see. When we bring it to you'll see
how pretty it's gonna look. What do you say, should we
make the uniform navy blue?"

"But he's not wearing a uniform in that picture."

"No, but that's just a matter of fixing it up with some
wood fiber overlays. Look at these. This one, he didn't have
a uniform on but we put one on him. So, what do you say?
Should we make it navy blue?"

"All right."

"Don't you worry about the picture."

And that was how they spent the entire day going house to house,
street by street, their suitcases stuffed with pictures. As it turned out,
a whole lot of people had ordered enlargements of that kind.

"They should be delivering those portraits soon, don't you
think?"

"I think so, it's delicate work and takes more time. That's
some fine work those people do. Did you see how real those
pictures looked?"

"Yeah, sure. They do some fine work. You can't deny that.
But it's already been over a month since they passed by here."

"Yes, but from here they went on through all the towns
picking up pictures . . . all the way to San Antonio for sure.
So it'll probably take a little longer."

"That's true, that's true."

And two more weeks had passed by the time they made the
discovery. Very heavy rains had come and some children who were
playing in one of the tunnels leading to the dump found a sack full
of pictures, all worm-eaten and soaking wet. The only reason they
could tell that these were pictures was because there were a lot of
them and most of them the same size and with faces that could

just barely be made out. Everybody caught on right away. Don
Mateo was so angry that he took off to San Antonio to find the so
and so who had swindled them.

"Well, you know, I stayed at Esteban's house. And every
day I went with him to the market to sell produce. I helped
him with everything. I had faith that I would run into that son
of a gun some day soon. Then, after I'd been there for a few
days, I started going out to the different barrios and I found
out a lot that way. It wasn't so much the money that upset
me. It was my poor vieja, crying and all because we'd lost the
only picture we had of Chuy. We found it in the sack with all
the other pictures but it was already ruined, you know."

"I see, but tell me, how did you find him?"

"Well, you see, to make a long story short, he came by
the stand at the market one day. He stood right in front of us
and bought some vegetables. It was like he was trying to
remember who I was. Of course, I recognized him right off.
Because when you're angry enough, you don't forget a face.
I just grabbed him right then and there. Poor guy couldn't
even talk. He was all scared. And I told him that I wanted
that portrait of my son and that I wanted it three dimensional and that he'd best get it for me or I'd let him have it. And
I went with him to where he lived. And I put him to work
right then and there. The poor guy didn't know where to
begin. He had to do it all from memory."

"And how did he do it?"

"I don't know. I suppose if you're scared enough, you're
capable of doing anything. Three days later he brought me
the portrait all finished, just like you see it there on that
table by the Virgin Mary. Now tell me, how do you like the
way my boy looks?"

"Well, to be honest, I don't remember too well how
Chuy looked. But he was beginning to look more and more
like you, isn't that so?"

"Yes, I would say so. That's what everybody tells me
now. That Chuy's a chip off the old block and that he was
already looking like me. There's the portrait. Like they say,
one and the same."

"They let Figueroa out. He's been out a week."

"Yeah, but he's not well. In the pen, if they don't like someone, they'll give them injections so they'll die."

"Damn right. Who do you think turned him in?"

"Probably some gringo who couldn't stand seeing him in town with that white girl he brought back with him from Wisconsin. And no one to defend him. They say the little gringa was seventeen and it's against the law."

"I'll bet you he won't last a year."

"Well, they say he has a very strange disease."

When We Arrive

At about four o'clock in the morning the truck broke down. All night they stood hypnotized by the high-pitched whir of the tires turning against the pavement. When the truck stopped they awakened. The silence alone told them something was wrong. All along the way the truck had been overheating and then when they stopped and checked the motor they saw that it had practically burned up. It just wouldn't go anymore. They would have to wait there until daybreak and then ask for a lift to the next town. Inside the trailer the people awakened and then struck up several conversations. Then in the darkness their eyes had gradually begun to close and all became so silent that all that could be heard was the chirping of the crickets. Some were sleeping, others were thinking.

"Good thing the truck stopped here. My stomach's been hurting a lot for some time but I would've had to wake up a lot of people to get to the window and ask them to stop. But you still can't hardly see anything. Well, I'm getting off, see if I can find a field or a ditch. Must've been that chile I ate, it was so hot but I hated to let it go to waste. I hope my vieja is doing all right in there, carrying the baby and all."

"This driver that we have this year is a good one. He keeps on going. He doesn't stop for anything. Just gases up and let's go. We've been on the road over twenty-four hours. We should be close to Des Moines. Sure wish I could sit down for just a little while at least. I'd get out and lie down on the side of the road but there's no telling if there's snakes or some other kind of animal. Just before I fell asleep on my feet it felt like my knees were going to buckle. But I guess your body gets used to it right away 'cause it doesn't seem so hard anymore. But the kids must feel real tired standing like this all the way and with nothing to hold on to. Us grownups can at least hold on to the center bar that supports the canvas. And to think we're not as crowded as other times. I think there must be forty of us at the most. I remember that one time I traveled with that bunch of wetbacks, there were more than sixty of us. We couldn't even smoke."

"What a stupid woman! How could she be so dumb as to throw that diaper out the front of the truck. It came sliding along the canvas and good thing I had glasses on or I would even have gotten the shit in my eyes! What a stupid woman! How could she do that? She should've known that crap would be blown towards all of us standing up back here. Why the hell couldn't she just wait until we got to a gas station and dump the shit there!"

"El Negrito just stood there in disbelief when I ordered the fifty-four hamburgers. At two in the morning. And since I walked into the restaurant alone and I'm sure he didn't see the truck pull up loaded with people. His eyes just popped wide open . . . 'at two o'clock in the morning, hamburgers? Fifty-four of them? Man, you must eat one hell of a lot.' It's that the people hadn't eaten and the driver asked for just one of us to get out and order for everyone. El Negrito was astounded. He couldn't believe what I ordered, that I wanted fifty-four hamburgers. At two o'clock in the morning you can eat that many hamburgers very easily, especially when you're starving."

"This is the last fuckin' year I come out here. As soon as we get to the farm I'm getting the hell out. I'll go look for a job in Minneapolis. I'll be damned if I go back to Texas. Out here you can at least make a living at a decent job. I'll look for my uncle, see if he can find me a job at the hotel where he works as a bellboy. Who knows, maybe they'll give me a break there or at some other hotel. And then the gringas, that's just a matter of finding them."

"If things go well this year, maybe we'll buy us a car so we won't have to travel this way, like cattle. The girls are pretty big now and I know they feel embarrassed.

Sometimes they have some good buys at the gas stations out there. I'll talk to my compadre, he knows some of the car salesmen. I'll get one I like, even if it's old. I'm tired of coming out here in a truck like this. My compadre drove back a good little car last year. If we do well with the onion crop, I'll buy me one that's at least half-way decent. I'll teach my boy how to drive and he can take it all the way to Texas. As long as he doesn't get lost like my nephew. They didn't stop to ask for directions and ended up in New Mexico instead of Texas. Or I'll get Mundo to drive it and I won't charge him for gas. I'll see if he wants to."

"With the money Mr. Thompson loaned me, we have enough to buy food for at least two months. By then we should have the money from the beet crop. Just hope we don't get too much in debt. He loaned me two hundred dollars but by the time you pay for the trip practically half of it is gone, and now that they've started charging me half-fare for the children . . . And then when we return, I have to pay him back double. Four hundred dollars. That's too much interest, but what can you do? When you need it, you need it. Some people have told me to report him because that's way too much interest but now he's even got the deed to the house. I'm just hoping that things go okay for us with the beet crop or else we'll be left to the wind, homeless. We have to save enough to pay him back the four hundred. And then we'll see if we have something left. And these kids, they need to start going to school. I don't know. I hope it goes okay for us, if not I don't know how we're going to do it. I just pray to God that there's work."

"Fuckin' life, this goddamn fuckin' life! This fuckin' sonofabitchin' life for being pendejo! pendejo! pendejo! We're nothing but a bunch of stupid, goddamn asses! To hell with this goddamn motherfuckin' life! This is the last time I go through this, standing up all the way like a goddamn animal. As soon as we get there I'm headed for Minneapolis. Somehow I'll find me something to do where I don't have to

work like a fuckin' mule. Fuckin' life! One of these days
they'll fuckin' pay for this. Sonofabitch! I'll be goddamn for
being such a fuckin' pendejo!"

"Poor viejo. He must be real tired now, standing up the
whole trip. I saw him nodding off a little while ago. And with
no way to help him, what with these two in my arms. How I
wish we were there already so we could lie down, even if it's
on the hard floor. These children are nothing but trouble. I
hope I'll be able to help him out in the fields, but I'm afraid
that this year, what with these kids, I won't be able to do anything. I have to breastfeed them every little while and then
they're still so little. If only they were just a bit older. I'm still
going to try my best to help him out. At least along his row
so he won't feel so overworked. Even if it's just for short
whiles. My poor viejo . . . the children are still so little and
already he wishes they could start school. I just hope I'll be
able to help him. God willing, I'll be able to help him."

"What a great view of the stars from here! It looks like
they're coming down and touching the canvas of the truck.
It's almost like there aren't any people inside. There's hardly
any traffic at this hour. Every now and then a trailer passes
by. The silence of the morning twilight makes everything
look like it's made of satin. And now, what do I wipe myself
with? Why couldn't it always be early dawn like this? We're
going to be here till midday for sure. By the time they find
help in the town and then by the time they fix the engine . . .
If only it could stay like early dawn, then nobody would
complain. I'm going to keep my eyes on the stars till the last
one disappears. I wonder how many more people are watching the same star? And how many more might be wondering
how many are looking at the same star? It's so silent it looks
like it's the stars the crickets are calling to."

"Goddamn truck. It's nothing but trouble. When we get
there everybody will just have to look out for themselves. All
I'm doing is dropping them off with the growers and I'm get-

ting the hell out. Besides, we don't have a contract. They'll find themselves somebody to take them back to Texas. Somebody's bound to come by and pick them up. You can't make money off beets anymore. My best bet is to head back to Texas just as soon as I drop these people off and then see how things go hauling watermelons. The melon season's almost here. All I need now is for there not to be anyone in this goddamn town who can fix the truck. What the hell will I do then? So long as the cops don't come by and start hassling me about moving the truck from here. Boy, that town had to be the worst. We didn't even stop and still the cop caught up with us just to tell us that he didn't want us staying there. I guess he just wanted to show off in front of the town people. But we didn't even stop in their goddamn town. When we get there, as soon as I drop them off, I'll turn back. Each one to fend for himself."

"When we get there I'm gonna see about getting a good bed for my vieja. Her kidneys are really bothering her a lot nowadays. Just hope we don't end up in a chicken coop like last year, with that cement floor. Even though you cover it with straw, once the cold season sets in you just can't stand it. That was why my rheumatism got so bad, I'm sure of that."

"When we arrive, when we arrive, the real truth is that I'm tired of arriving. Arriving and leaving, it's the same thing · because we no sooner arrive and . . . the real truth of the matter . . . I'm tired of arriving. I really should say when we don't arrive because that's the real truth. We never arrive."

"When we arrive, when we arrive . . . "

Little by little the crickets ceased their chirping. It seemed as though they were getting tired and dawn gradually confirmed the presence of objects, ever so carefully and very slowly, so that no one would take notice of what was happening. And people were becoming people. They began getting out of the trailer and huddled around to talk about what they would do when they arrived.

Bartolo passed through town every December when he knew that most of the people had returned from work up north. He always came by to sell his poems. By the end of the first day, they were almost sold out because the names of the people of the town appeared in the poems. And when he read them aloud it was something emotional and serious. I recall that one time he told the people to read the poems out loud because the spoken word was the seed of love in the darkness.

Under the House

The fleas made him move. He was under a house. He had been there for several hours, or so it seemed to him, hiding. That morning on his way to school he felt the urge not to go. He thought of how the teacher would spank him for sure because he didn't know the words. Then he thought of crawling under the house but not just because of that. He felt like hiding, too, but he didn't know where nor for how long, so he just went ahead and hid there. At first the fleas didn't bother him and he felt very comfortable in the dark. Although he was sure there were spiders, he had crawled in unafraid and there he remained. From where he was all he could make out was a white strip of daylight, about a foot high, lining the house all around. He was lying face down and whenever he moved he could feel his back brush against the floor of the house. This even gave him a feeling of security. But once the fleas started biting him he had to move constantly. And he started to worry that the people who lived there might find out that he was there and make him get out. But he had to keep moving constantly.

I wonder how long I've been here now. The kids came out of the house to play some time ago. It seems I've been here for a good while. As long as they don't look under the house 'cause they'll see me for sure, and then what? The children look funny, all I can see are their legs running. It's not bad here. I could come here every day. I think that must be what the others do when they play hooky. No one to bother me here. I can think in peace.

He had even forgotten all about the fleas and even that he was under the house. He could think very clearly in the dark. He didn't need to close his eyes. He thought about his father for a while, about how he used to tell him stories at night about witches and

140

how he would make them fall from the sky by praying and tying the seven knots.

When I'd be coming back from work, at that time we had our own land with irrigation, in the early morning twilight, I'd always see these globes of light, like fireballs, bouncing off the telephone lines. They would come from the direction of Morelos, they say that's where they originate. One time I nearly made one fall down. Don Remigio taught me how to say the seven prayers that go with the seven knots. All you have to do is start praying when you see those balls of fire. After each prayer you tie a knot. This one time I got to the seventh prayer but you know, I wasn't able to tie that last knot, but the witch fell anyway practically landing at my foot, and then she got up . . . The boy was so young and children don't understand too much at that age. And he couldn't hold out. They're not going to do anything to the boss, he's got too much pull. Can you imagine what they'd do if one of us killed one of their kids? They say that one day the boy's father took a rifle and went looking for him because he wanted to pay him back but he didn't find him . . . The woman would almost always start crying when she entered the church, and then she'd start praying. But before she was even aware of it, she would start talking in a loud voice. Then she'd start yelling, like she was having some kind of attack . . . I think Doña Cuquita is still alive. I haven't seen her in a long time. She used to be very careful whenever we went to the dump. Now her I really loved. And since I never knew my grandparents. I think even Dad loved her like a grandmother because he, too, never knew his grandparents. What I liked best was for her to embrace me and tell me, "You're smarter than an eagle and more watchful than the moon" . . . Get out of there! Get away from that goddamn window! Go away! Go away . . . You know, you can't come home with me anymore. Look, I don't mind playing with you but some old ladies told mama that Mexicans steal and now mama says not to bring you home anymore. You have to turn back. But we can still play at school. I'll choose you and you choose me . . . What can I tell you! I know what I'm telling you, I'm saying that we can't get any more screwed than we already are. I know why I'm telling you. If there's another war, we won't be the ones to suffer. Don't be a damn fool. The ones who will pay for it are the ones on top, the ones who have something. Us, we're already screwed. If there's another war, hell, things might even get better for us . . . Why don't you eat sweet bread anymore? You don't like it, anymore? . . . Well, I tell you, I even went downtown and bought me a new hammer so I could be ready for when they'd come to teach us. They say that when the minister found out, he went straight home, took a hatchet and broke all the furniture to pieces and then he took everything outside and set it on fire. He stood there and watched everything burn to ashes . . . I don't think my viejo is going to be able to work out in the sun anymore. The boss didn't say a thing when we told him that he had gotten sick from the heat. He just shook his head. What worried him the most was that it was raining too much and the crop was getting ruined. That was the only thing he was sad about. He wasn't even sad when they had to operate on his wife because she had cancer, much less when we told him about my viejo . . . These sonofabitches are gonna cut your hair, I'll see to that, if I have to bust their noses . . . There is no devil, there isn't. The only devil is Don Rayos when he dresses up with horns and with the cape to go to the shepherds' play . . . Goddamn fool! Why don't you pay attention to what you're doing? You almost crashed with that truck! Didn't you see it? Are you blind, or what? . . . Why did the teacher cry when they came for him? Ever since he was put in her class she always looked at him. And she was so young, she wasn't like the ones in Texas, little old ladies holding a paddle in their hands making sure you didn't lose your place in the book. And if you did, pow! They'd just bend you over . . . You think that was how they were burned? It's just hard to believe. But so fast? It's that fire spreads fast and once your clothes catch on fire, that's it. You remember that family that died in that fire around

*Christmas time? They fell asleep, never to wake up again.
And then the firemen crying as they removed the bodies, the
grease from the children's little burned up bodies dripping all
over their boots . . . Free citizens, this is a day of magnificent
and profound importance. It was in the year eighteen hundred
and seventy-two that Napoleon's troops suffered a defeat
against Mexican soldiers who fought so valiantly—that was
how I would begin my discourse. I always used the words
"free citizens" when I was young, son, but now ever since I
had the attack I can't remember too well anymore what I
would say to the people. Then came the Revolution and in the
end we lost. Villa made out well but I had to come out here.
No one here knows what I went through. Sometimes I want to
remember but truth is, I'm not able to anymore. All my
thoughts become hazy. Now, tell me, what is it that you most
desire at this moment of your life? At this very moment . . .
Yesterday we collected fifty pounds of copper in all. Enrique
found a magnet and that makes it much easier to find the iron
buried under all the junk that people throw away. Sometimes
we do well but usually it's a waste of time. But at least it's
enough to buy something to eat. And tell me, what's the price
of tin these days? Why don't you all come with us next time
we go? . . . The cold weather is setting in. I'll bet you that
tomorrow morning the ground will be all covered with frost.
And notice how often the cranes fly by . . . There's going to
be a wedding Sunday. For sure they'll serve us cabrito in
mole sauce, with rice, and then the dance, and the groom,
anxious for night to arrive . . . I tell you, comadre, we got so
frightened last night when the lights went out. We were there
playing with the children when all of a sudden it was pitch
dark. And we didn't even have one candle. But that wasn't
why we got frightened. That knucklehead, Juan, was eating an
orange and we don't know how but he got a seed in his nose
and we couldn't get it out in the dark. And he was just crying
and crying. And your compadre, lighting match after match. I
wonder what happened. Why all the lights of the town went
out . . . They found Doña Amada's son in a ditch and Don*

Tiburcio's son inside the trailer. I think they're going to sue Don Jesús for transporting people in a closed van. They say that when they tried to stretch out his body, because they found him all curled up in a corner, when they tried to stretch him out to put him in the hearse, one of his legs fell off . . . Those people who sell those portraits don't come around here anymore. Don Mateo gave them a good scare . . . Mom nearly lost her mind. She always started crying whenever she talked with anyone about what happened to her downtown.

I would like to see all of the people together. And then, if I had great big arms, I could embrace them all. I wish I could talk to all of them again, but all of them together. But that can only happen in a dream. I like it right here because I can think about anything I please. Only by being alone can you bring everybody together. That's what I needed to do, hide, so that I could come to understand a lot of things. From now on, all I have to do is to come here, in the dark, and think about them. And I have so much to think about and I'm missing so many years. I think today what I wanted to do was recall this past year. And that's just one year. I'll have to come here to recall all of the other years.

He became aware of the present when he heard one of the children yelling and at the same time felt a blow to his leg. They were throwing rocks at him under the house.

"Mami, mami, there's a man under the house! Mami, mami, mami, hurry, come here, there's a man here, there's a man here!"

"Where? Where? Ah! . . . Let me get some boards and you run and get Doña Luz's dog."

And he saw countless faces and eyes looking at him. Then it grew darker under the house. The children kept throwing rocks at him and the dog kept barking while the woman was trying to poke him with some boards.

"Who could it be?"

He had to come out. Everyone was surprised that it was him. He didn't say anything to them, just walked away. And then he heard the woman say:

"That poor family. First the mother and now him. He must be losing his mind. He's losing track of the years."

Smiling, he walked down the chuckhole-ridden street leading to his house. He immediately felt happy because, as he thought over what the woman had said, he realized that in reality he hadn't lost anything. He had made a discovery. To discover and rediscover and piece things together. This to this, that to that, all with all. That was it. That was everything. He was thrilled. When he got home he went straight to the tree that was in the yard. He climbed it. He saw a palm tree on the horizon. He imagined someone perched on top, gazing across at him. He even raised one arm and waved it back and forth so that the other could see that he knew he was there.

Also by Tomás Rivera

The Harvest: Short Stories

The Searchers: Collected Poetry

Tomás Rivera: The Complete Works

. . . *and the earth did not swallow him* is now a major motion picture starring Jose Alcala, Rose Portillo, Marco Rodriguez, Daniel Valdez and Lupe Ontiveros. Written and directed by Severo Perez and produced by Paul Espinosa, KPBS-TV, the film has won Best of the Festival awards in San Antonio, Santa Barbara, Minneapolis and Cairo.

To arrange bookings of the film, please contact Kino International at 212-629-6880. For further information, contact Paul Espinosa at

619-284-9811 or Severo Perez, P.O. Box 26407, Los Angeles, CA 90026.

Major funding for the film was provided by the National Endowment for the Humanities, with additional support from American Playhouse, the Corporation for Public Broadcasting, the National Latino Communications Center and the state humanities councils of Texas and California.